Carola Engler

So machen Hausaufgaben Spaß

Für mehr Spaß am Lernen
und weniger
Stress in der Schule

SÜDWEST

Inhalt

Schule und Unterricht kann ganz schön spannend sein.

Gemeinsames Spielen und Lernen fördert die Motivation.

Geschicklichkeit und Logik müssen trainiert werden.

Als Ausgleich zum Schulalltag und für ein starkes Selbstbewusstsein dürfen Sport, Spiel und Spaß nicht zu kurz kommen.

Der erste Schultag bedeutet für Kinder wie Eltern einen Neubeginn mit vielen Veränderungen und Herausforderungen.

Vorwort

Bei jeder zweiten Familie in Deutschland mit schulpflichtigen Kindern hängt der Haussegen schief. Ursache davon ist Ärger mit der Schule, mit dem Lernen und den täglichen Hausaufgaben. Statt Freude am Lernen sind leider oft Druck, Streit, Chaos oder Resignation an der Tagesordnung.

Väter und Mütter fühlen sich verantwortlich und haben Schuldgefühle, wenn ihr Kind Hausaufgaben nicht zuverlässig erledigt oder schlechte Noten schreibt. Wir Eltern glauben dann, selbst zu versagen: zu wenig Zeit und zu viele Probleme zu haben, nicht streng oder nicht verständnisvoll genug mit unserem Sprössling zu sein.

So wird landauf, landab versucht, mit gutem Zureden, Belohnung und Strafe, Nachhilfe oder sogar psychologischer Beratung aus dem »faulen Bengel« oder der »schlampigen Göre« endlich einen einigermaßen erfolgreichen Schüler zu machen. Trotzdem enden die nachmittäglichen Szenen um die Hausaufgaben und das Lernen meist bald wieder in Geschrei, Wut und Tränen. Dieser nervenaufreibende Kampf ist nur extrem belastend und bringt nichts. Dabei geht es auch anders: natürlich, harmonisch und erfolgreich.

Die meisten Eltern sind sich ziemlich ratlos, wenn ihr Kind einfach keine rechte Lust zum Lernen und deshalb wenig Erfolg in der Schule hat.

Kinder wollen lernen

Alle Kinder wollen mindestens genauso gut – meist besser! – als wir Erwachsenen werden. Unser »Erwachsenenleben« fasziniert sie, sie wollen möglichst schnell auch am »Spiel des Lebens« wirklich teilhaben, kreativ sein, Entscheidungen treffen und Verantwortung übernehmen können. Unsere Kinder wollen die Welt nach ihren idealen Vorstellungen verändern, sie besser, schöner und glücklicher gestalten. Im Grunde sind sie ständig neugierig, wissensdurstig, offen für neue Erfahrungen und stolz, wenn sie ein Problem selbst gemeistert haben. Unsere Kinder wollen wirklich lernen!

Der Ernst des Lebens

Der viel zitierte »Ernst des Lebens« beginnt für die meisten Jungen und Mädchen mit dem Schulanfang. Dabei freuen sich alle Kinder auf die Schule, sie sind begierig darauf, endlich Lesen, Rechnen und Schreiben richtig zu lernen, endlich wirklich zur Gesellschaft dazuzugehören. Für Schulanfänger ist das alles noch ein großes, spannendes Spiel. Doch schon in den ersten Wochen geschieht oft eine drastische Veränderung: Die Spiele im Kindergarten haben wir Eltern interessiert und freundlich beobachtet, das Geschehen in der Schule wird plötzlich akribisch verfolgt, bewertet und ungewohnt streng kontrolliert. »Erst die Pflicht, dann das Vergnügen – zuerst musst du deine Hausaufgaben machen und lernen, dann kannst du spielen gehen!« Das bekommen die meisten Kinder zu hören und beginnen dann selbst, zwischen ungeliebter weil erzwungener Pflicht und lustbetontem Spiel zu unterscheiden.

Wir Erwachsenen haben diese leidvolle Erfahrung in unserer eigenen Kindheit selbst erlebt und geben sie nun automatisch an unsere Kinder weiter. Wir haben längst vergessen, dass Spielen und Lernen eigentlich das Gleiche sind – und schaffen somit eine völlig unnatürliche Barriere für unsere Kinder!

In diesem Buch möchte ich Ihnen deshalb viele neue Anregungen, bewährte Methoden und ungewöhnliche Hilfestellungen für Schulschwierigkeiten, Streit- und Stresssituationen rund um die Hausaufgaben und die damit zusammenhängenden Probleme im Familienleben geben. Sie werden Ihnen dabei helfen, Ihr Kind optimal wachsen und lernen zu lassen. Ihre Tochter oder Ihr Sohn wird Freude an der Schule entwickeln und nachhaltig Erfolg haben, das Zusammenleben in der Familie wird dabei automatisch friedlicher, lustiger und viel kreativer.

Und nicht zuletzt werden Sie selbst eine ganze Menge Neues dabei entdecken und selbst wieder die Lust am Lernen spüren.

Viel Spaß dabei wünscht Ihnen *Carola Engler*

Lernen, also Wissen sammeln und mit anderen wetteifern, kann genauso viel Spaß machen wie Fußball spielen, Gummihüpfen oder mit Freunden diskutieren.

Wann und wie lange Schüler Hausaufgaben machen, ist ganz verschieden. Ein fester Zeitrahmen hilft, Ermahnungen und Ärger zu vermeiden.

Der beste Zeitpunkt für Hausaufgaben

Die Leistungskurve verläuft bei jedem Menschen anders. Das heißt, wir sind zu jeder Tageszeit unterschiedlich produktiv: einmal sehr kreativ, einmal optimal aufnahme- und lernfähig, und zu einem anderen Zeitpunkt eher ruhebedürftig.
Die natürliche Leistungsbereitschaft wird aber nicht nur durch die inneren Schwankungen der persönlichen Biorhythmuskurven bestimmt, sondern zusätzlich noch von den äußeren Rhythmen mitbeeinflusst: im Sommer streckt sich die Kurve, und fast immer gibt es ein zusätzliches Hoch am Abend, an einem trüben Wintertag hingegen steigt die Kurve oft den ganzen Tag nicht so richtig an. Dazu prägen uns natürlich unsere festen Lebensgewohnheiten, z. B. wann wir aufstehen müssen.

Das Erledigen der Hausaufgaben und die Nach- und Vorbereitung des Unterrichts sollte von Anfang an einen festen Platz im Tagesablauf Ihres Kindes erhalten.

Die Leistungskurve

Die Kurve der Leistungsfähigkeit während des Tages verläuft in Wellen. Normalerweise steigt sie im Laufe des Vormittags auf ihren Tageshöchststand, fällt dann nach dem Mittagsessen für ein bis drei Stunden auf das Tagestief, um dann nachmittags wieder langsam anzusteigen. Das zweite Leistungshoch liegt etwa zwischen 16 und 19 Uhr. Danach sinkt die Leistungskurve wieder, und wir werden langsam müde. Meist baut sich abends noch ein drittes Hoch auf, bevor Kinder ca. zwischen 20 und 22 Uhr, Erwachsene zwischen 22 und 1 Uhr nachts dann »bettreif« werden.
Für die Einteilung des Tages in Lernzeiten und Ruhe- bzw. Entspannungszeiten ist es wichtig, den individuellen Verlauf der Leistungskurven eines Kindes zu berücksichtigen. Ein typischer Schultag sieht meist in etwa so aus: Die meisten Kinder kommen mittags

zwischen 13 und 14 Uhr von der Schule nach Hause zum Mittagessen. Nach dem Essen sind sie an ihrem täglichen Leistungstiefstpunkt, und zusätzlich macht der volle Bauch müde. Ihr Kind braucht jetzt zwei bis drei Stunden, um sich ausruhen, trödeln, spielen, sich unterhalten, vielleicht sogar etwas fernsehen oder sich draußen bewegen zu können – einfach Zeit zum »Abschalten«.
Zwischen 16 und 17 Uhr ist dann die ideale Zeit, um die Schulsachen hervorzuholen und sich an die Hausaufgaben zu machen. Wenn Ihr Kind vorher getobt hat, braucht es vielleicht noch eine halbe Stunde Musikhören, Legospielen oder Puzzeln, um zur richtigen Ruhe zu finden und auf konzentriertes Arbeiten »umschalten« zu können.

So unterschiedlich die Konzentrationsfähigkeit ist; jedes Kind kann seine Aufmerksamkeit bündeln und sich nur eine Zeitlang auf ein Thema konzentrieren.

Wie lange sind Kinder konzentriert?

Wie lange Ihr Kind konzentriert Hausaufgaben erledigen kann, hängt mit seinem Alter und vor allem dem allgemeinen Charakter Ihres Kindes zusammen. Mit »Minipausen« von zwei bis drei Minuten Länge, die etwa alle 10 bis 15 Minuten eingelegt werden sollten und in denen die Kinder etwas trinken, kurz aufstehen oder einfach nur abschalten können, bleiben die meisten Kinder schon erstaunlich lange am Ball:

- Kinder von 6 bis 8 Jahren maximal 40 Minuten
- Kinder von 9 bis 11 Jahren maximal 60 Minuten
- Kinder von 12 bis 14 Jahren maximal 90 Minuten
- Über 14jährige schaffen es auch länger.

Normalerweise reicht diese Zeit zum Erledigen der Hausaufgaben.

Lernzeitdauer

Die Dauer der Lernzeit richtet sich nach dem Alter und der persönlichen Schreib- und Lerngeschwindigkeit Ihres Kindes in den verschiedenen Fächern. Die folgenden Zeiten sind Durchschnittswerte:
1. und 2. Klasse: 30 Minuten / 15 Minuten Pause / 20 Minuten
3. und 4. Klasse: 45 Minuten / 15 Minuten Pause / 20 Minuten

5. und 6. Klasse: 60 Minuten / 15 Minuten Pause / 30 Minuten
7. und 8. Klasse: 60 Minuten / 15 Minuten Pause / 60 Minuten

Die Aufgabenzeit festlegen

Legen Sie nach diesem Schema die Hausaufgabenzeiten für Ihren Sohn oder Ihre Tocher fest, wobei eine größere Pause von etwa 15 Minuten nach dem größeren Teil der erledigten Hausaufgaben liegen sollte. Planen Sie möglichst keine zu langen Hausaufgabenzeiten – die Vorstellung, jeden Nachmittag stundenlang über den Büchern hängen zu müssen, schreckt Ihr Kind nur ab. Ein zu großzügiger Zeitrahmen verleitet auch leicht zum Trödeln und Träumen – gelernt wird kaum mehr.

Das Hausaufgaben-Zeit-Spiel

Achten Sie darauf, dass das Hausaufgaben-Zeit-Spiel seinen spielerischen Charakter bewahrt und nicht zum Um-die-Wette-Lernen wird.

Mit einem einfachen spielerischen Test können Sie herausfinden, wie viel Zeit Ihr Kind tatsächlich für seine Hausaufgaben braucht. Bitten Sie Ihren Sprössling – natürlich bevor Sie die neue Lernzeit-Regelung einführen – zwei Wochen lang täglich Folgendes aufzuschreiben: Bevor er sich an die Hausaufgaben setzt, soll er selber schätzen, wie lange er heute brauchen wird, dann die Anfangszeit, evtl. Pausen und die Uhrzeit nach Beendigung der Aufgaben notieren.
Diese Selbsteinschätzung und Überprüfung macht allen Kindern viel Spaß. Ein positiver Nebeneffekt ist, dass sich das Zeitgefühl der Kinder verbessert und die Hausaufgaben meist auch schneller erledigt werden. Nach zwei Wochen haben Sie so einen brauchbaren Mittelwert, nach dem Sie Ihren Plan richten können.

Pausen

Natürlich sollte Ihr Kind sich nicht den Wecker auf den Schreibtisch stellen, damit es nach einer halben Stunde aufspringen und »in die Pause gehen kann«. Meist ergeben sich die Anlässe für Pausen ganz

automatisch. Sinnvoll sind sie etwa zwischen verschiedenen Fächern, zwischen Schreiben und Lesen und/oder Lernen, bei aufkommender Unkonzentriertheit, Müdigkeit oder Verkrampfung, oder wenn sich Fehler häufen.
Viele Kinder wollen während der Aufgaben gar keine längere Pause einlegen – sie fühlen sich sonst aus der Lernatmosphäre herausgerissen. Andere halten es einfach nicht länger als 20 Minuten durch, konzentriert zu arbeiten. Legen Sie deshalb die Pausenzeiten nach den Bedürfnissen Ihres Kindes fest.
Ideal für alle Kinder sind kleine »Denk- oder Traumpäuschen«. Nur eine oder zwei Minuten reichen meist, um wieder fit zu sein. Sie können diese »kleinen, kreativen Päuschen« unterstützen, wenn Sie Ihrem Kind leise einen Apfel, ein paar Gummibärchen oder etwas zu Trinken hinstellen. Vermeiden Sie es jedoch, Ihr Kind zu stören, wenn es konzentriert arbeitet.

Kleine Pausen können Anspannungen lösen und zu besserer Konzentration führen, sie sollen aber nicht ablenken oder aus einer fruchtbaren Schaffensphase reißen.

Zu viel oder zu wenig Zeit

Wenn Ihr Kind früher mit den Hausaufgaben fertig ist als geplant, ist das ein tolles Erfolgserlebnis. Es kann jetzt noch etwas lesen, das Federmäppchen neu ordnen oder malen. Erstaunlich viele Kinder haben dazu Lust, wenn diese Tätigkeiten absolut freiwillig bleiben. Sobald das eigentliche Arbeitspensum geschafft ist, hat Ihr Kind »frei« – und kann natürlich auch spielen gehen.
Ist es mit seinen Hausaufgaben in der vorgesehenen Zeit nicht fertig geworden, müssen eben mal 10 oder 20 Minuten, bei älteren Kindern auch mehr, angehängt werden. Das ist – wenn die Lernzeit sonst meist lang genug ist – eine Zusatzleistung Ihres Kindes, die mit einer kleinen Belohnung, z. B. einem Snack, verbunden sein sollte.
Quält sich Ihr Kind noch länger mit den Aufgaben herum, bieten Sie Ihre Hilfe an und lassen Sie es eine Pause machen. Wenn Sie merken, dass es heute wirklich zu viel Hausaufgabenstoff für Ihr Kind ist, der nicht zu bewältigen ist, sollte es nicht fertig arbeiten müssen. Schreiben Sie dann ausnahmsweise eine kurze Mitteilung an den Lehrer.

Lernen am Abend

Muss Ihr Kind ausnahmsweise mehr lernen, z. B. nach einer Krankheit oder für einen Test am nächsten Tag, lassen Sie es unbedingt nach der Hausaufgaben- und Lernzeit eine lange Pause einlegen, in der es richtig abschalten kann. Zum reinen Auswendiglernen eignet sich sowieso der abendliche »Höchstleistungspunkt« am besten, denn in ruhiger, entspannter Atmosphäre kann unser Gehirn reine Fakten (Regeln, Daten, Wörter einer fremden Sprache usw.) am besten aufnehmen. Ältere Schüler in hohen Jahrgangsstufen arbeiten gerne und besonders effektiv bis in die Nacht hinein, und auch für die Kleinen eignet sich der Abend etwa zum Auswendiglernen eines Gedichts. Das kleine Einmaleins oder der neue englische Wortschatz können deshalb das ideale Betthupferl sein! Auch wenn Sie es noch so gut meinen, sollten Sie Ihr Kind niemals dazu zwingen, statt dem geliebten Comic oder Krimi am Abend lieber zu den Schulbüchern zu greifen. Erklären Sie ihm, dass es, wenn es vor dem Einschlafen wichtige Fakten für den Test am nächsten Tag noch einmal durchliest, diese dreimal so gut behält wie jemand, der nur nachmittags gelernt hat. Wahrscheinlich kommt daher auch der alte Brauch unserer Großmütter, vor wichtigen Prüfungen das entsprechende Buch unters Kopfkissen zu legen …

Ein letzter Blick auf den Lernstoff oder ein Schulbuch am Abend verankert den Stoff besonders fest im Gedächtnis.

Den eigenen Rhythmus bestimmen

Betrachten Sie die oben genannten Zeiten nur als Richtwerte, denn jedes Kind und jede Familie haben ihren eigenen Rhythmus und spezielle Tagespläne. Aber es ist wichtig für ihr Kind, dass genauso wie vormittags in der Schule auch nachmittags zu Hause ein fester Zeitraum im Tagesablauf für die verschiedenen Aufgaben eingeplant ist. Gewohnheiten und Rituale können das Lernen sehr erleichtern, und auch wenn noch andere Aktivitäten auf dem Tagesplan stehen, so sollte die Hausaufgaben- und Lernzeit eine zentrale Stellung haben und nicht leichtfertig geopfert werden.

Konditionierung

Wenn es täglich um 13.30 Uhr Mittagessen gibt, bekommen wir auch automatisch um diese Zeit Appetit – ziemlich unabhängig davon, ob unser Körper jetzt wirklich Nahrung braucht. Oder wenn Sie sich durchgerungen haben, endlich jeden Morgen um 6.30 eine Viertelstunde durch den Park zu joggen, brauchen Sie ein bis zwei Wochen lang den Wecker und eiserne Disziplin. Aber plötzlich wird die anfängliche Überwindung zur Fitness zu einem Bedürfnis: Sie wachen automatisch auf, wollen sofort nach draußen und in der herrlich frischen Luft laufen.
Diese Macht von Gewohnheiten können Sie sich in Ihrer Familie auch zunutze machen. Bestimmen Sie gemeinsam mit Ihrem Kind einen möglichst täglich gleichen Zeitpunkt für die Hausaufgaben – und helfen Sie ihm dann, diese Zeit auch einzuhalten. Nach ein paar Wochen hat Ihr Kind keinerlei Probleme mehr damit, nein, es hat sogar Lust, sich beispielsweise um 16 Uhr an den Schreibtisch zu setzen.

Das Erledigen der Hausaufgaben wird nicht jeden Tag zur gleichen Uhrzeit stattfinden können, doch versuchen Sie, so weit wie möglich eine zeitliche Kontinuität in den Hausaufgabenplan zu bekommen.

Abends im Bett zu liegen und den neuesten Comic zu lesen, ist herrlich. Wer am nächsten Tag den Lernstoff beherrschen will, sollte lieber die Schulbücher wälzen.

Neuorganisation

Wenn die Hausaufgaben bislang immer wieder Konfliktthema in Ihrer Familie waren, braucht es Zeit und ein behutsames Vorgehen, um die alten Gewohnheiten zu ändern.

Bevor Sie sich mit Ihrem Kind zusammensetzen, um eine neue Regelung für die Hausaufgaben zu finden, müssen Sie zunächst genau wissen, was Sie selbst wollen, und warum Sie das wollen.
Fertigen Sie sich bitte eine Checkliste an, in der Sie eine Woche lang alle Argumente aufschreiben, warum Sie die momentane Situation ändern wollen. Das könnte z. B. so aussehen:
Ich möchte, dass mein Kind eine feste Hausaufgabenzeit hat, weil

- es dann besser in der Schule wird
- es mehr Spaß am Lernen bekommt
- ich die ständige Schimpferei satt habe
- es sonst ständig zu Chaos in der Zeitplanung mit den übrigen Familienaktivitäten kommt
- ich Angst habe, dass mein Kind die Klasse nicht schafft
- ich glaube, dass mein Kind mehr Disziplin braucht
- ich dann endlich den Nachmittag/Abend auch für mich und die anderen Familienmitglieder planen kann

Diese Liste ist wichtig, denn Sie müssen vor Ihrem Kind gut argumentieren können, wenn Sie wirklich etwas ändern wollen.

Ihr Kind hat das letzte Wort

Schule und Hausaufgaben gehören in erster Linie zu den Lebensbereichen Ihres Kindes, deshalb muss es auch selbst mitbestimmen können, welche Zeitenregelung es annehmen und durchführen möchte. Überfordern Sie Ihr Kind aber nicht mit allzu viel Entscheidungsfreiheit. Es muss klar sein, dass eine feste tägliche Zeit für Hausaufgaben und fürs Lernen bestimmt wird, und dass es sich danach richten muss. Je nach Alter Ihres Kindes können Sie seine Wünsche aber mehr oder minder stark berücksichtigen.
Setzten Sie sich also an einem freien Wochenende mit Ihrem Sohn oder Ihrer Tochter zusammen, und besprechen Sie gemeinsam, welche neuen Pläne Sie für die Organisation der Hausaufgaben haben.

Der beste Zeitpunkt zum Neuanfang

Um einen neuen Plan für effektiveres Lernen auszuarbeiten, braucht man zunächst etwas Zeit – und dann auch einen besonderen Anlass, um ihn angemessen einzuführen. Optimal eignet sich natürlich ein neues Schuljahr, ein Ferienende, der Geburtstag oder ein familiärer Wechsel wie ein neuer Beruf, ein neues Hobby, ein Umzug oder einfach eine Neugestaltung des Kinderzimmers. Wichtig dabei ist: Es muss irgendeine deutlich sichtbare äußere Veränderung gemeinsam mit dem Wechsel der Hausaufgabengewohnheiten geben.

Versuchen Sie nicht, von heute auf morgen die Hausaufgabengewohnheiten Ihres Kindes zu stark zu ändern. Besprechen Sie alles mit Ihrer Tochter oder Ihrem Sohn und gehen Sie in gemeinsamem Einvernehmen vor.

Kleine Hilfen für einen erfolgreichen Start

Familienkalender

Für die ersten Wochen kann ein Familienkalender, eine Art Stundenplan, wie er für die Schule üblich ist, sehr hilfreich sein. Wichtig ist dabei, dass alle Familienmitglieder Ihre festen Zeiten für jeden Tag und alle geplanten Aktivitäten eintragen. Z. B. stehen nicht nur die Schul- und Hausaufgabenzeit und feste Nachmittagsaktivitäten von Junior täglich im Kalender, sondern auch die der Geschwister.
Auch die Arbeitszeiten der Eltern, der Großeinkauf, feste Haushaltstätigkeiten (z. B. Gartenarbeit, Wäsche), sowie Kino, Schwimmen gehen, Kegelabend, ein besonders spannender Film im Fernsehen, Einladungen, Feste oder einfach »Ausschlafen bis 12.00 Uhr!!« sind vermerkt. Viele Kinder wollen auch nach einigen Wochen, wenn ihnen die tägliche Hausaufgabenzeit schon in Fleisch und Blut übergegangen ist, gar nicht mehr auf diesen Kalender verzichten.

Ein symbolisches Geschenk

Eine neue Uhr, ein Poster, eine Kette, ein kleiner Talisman, eine neue Schreibtischlampe ... Überlegen Sie, worüber sich Ihr Kind freuen könnte, und machen Sie ihm am Tag des »Neuanfangs« ein Überraschungsgeschenk – gleichsam als ständigen Begleiter für die neue, bessere Lernweise.

Elterliches Vorbild

Ideal ist es, wenn Vater oder Mutter zu derselben Zeit, in der das Kind Hausaufgaben machen soll, ebenso ihre »Hausaufgaben« in Form von immer wiederkehrenden Arbeiten erledigen. Sie können beispielsweise den Bürokram erledigen oder die Bügelwäsche – wichtig ist nur, dass man immer zur gleichen Zeit etwas Wiederkehrendes, Notwendiges tut! Viele Eltern arbeiten tagsüber – aber sogar da hilft den Kindern das Wissen, dass nun auch Mama oder Papa etwas Bestimmtes tun zu der Zeit, da Sohn oder Tochter die Hausaufgaben machen und für die Schule lernen.

Vielleicht hilft es auch Ihnen am Arbeitsplatz Ihren Job zu tun, wenn Sie daran denken, dass Ihr Kind auch gerade die Hausaufgaben macht.

Neue Rituale

Bauen Sie wenigstens ein schönes neues Ritual in Ihren täglichen Familienalltag ein, z. B. morgens immer frisches Obst, abends ein kleines Betthupferl. Dazu auch wöchentlich oder monatlich wiederkehrende Rituale wie ein etwas ausgedehnteres Frühstück oder Abendessen am Samstag, einen Kuchen am Sonntag, einen gemeinsamen Spieleabend, Essen, ins Kino oder Schwimmen gehen an einem Wochenende usw. Dadurch gleichen Sie die tägliche feste Hausaufgaben- und Lernzeit, die einzuhalten anfangs bestimmt einige Überwindung kostet, positiv aus. Freuen Sie sich auf diese regelmäßigen Highlights, und nehmen Sie auch Ihre eigenen Termine und die Unterstützung Ihres Kindes bei der neuen Hausaufgabenzeit mit Elan wahr. Denn wenn Sie selber gerne Zeitpläne einhalten, werden auch Ihre Kinder Freude daran haben.

Wenn es einmal schiefgeht

Etwas ist ganz wichtig: Wenn an einem Tag doch wieder der alte Schlendrian durchbricht und es deshalb zu unschönen Szenen oder Streit kommt – vergessen sie es einfach ganz schnell. Ändern lässt sich ja doch nichts mehr, und eine unschöne Erfahrung soll nicht verhindern, dass für Ihr Kind und Sie die Hausaufgabenzeit bald zum normalen Tagesablauf gehört.

Zeit zum Lernen

- Bestimmen Sie gemeinsam mit Ihrem Kind eine tägliche, feste Hausaufgabenzeit.
- Achten Sie dabei auf den individuellen Rhythmus.
- Führen Sie den neuen Tagesplan zu einem besonderen Zeitpunkt ein.
- Änderen Sie gleichzeitig etwas in Ihrer Wohnung und vor allem im Kinderzimmer (siehe Seite 20, Das Lernumfeld optimal gestalten).
- Führen Sie ein oder zwei neue Rituale in das Familienleben ein.
- Schenken Sie Ihrem Kind zu Beginn der neuen »Lernphase« etwas Schönes (aber nicht als »Belohnung«!).
- Bestehen Sie konsequent auf die Einhaltung der vereinbarten Lernzeit, Ausnahmen gibt's nur in absoluten Sonderfällen.
- Passen Sie den Lernplan etwa alle drei Monate neu an, denn im Sommer braucht Ihr Kind sicher andere Zeiten als im Winter, und auch Lernstoff und Nachmittags-Hobbys verändern sich.

Konsequent sein ohne Zwang

Wenn Sie mit Ihrem Kind einen Plan ausgearbeitet haben, müssen Sie sehr konsequent durchhalten. Es sollte etwa 15 Minuten vor Beginn der Hausaufgabenzeit daran erinnert werden, damit es sein Spiel noch in Ruhe beenden kann.

Setzt es sich dann nicht selber hin, fordern Sie es freundlich, aber bestimmt dazu auf. Mahnen Sie es höchstens dreimal nach. Wenn es dann immer noch nicht über den Schulbüchern sitzt, dann reagieren Sie bitte nicht mehr. Kümmern Sie sich nicht weiter um Ihr Kind, bis zum normalen Ende der Hausaufgabenzeit. Erst dann schauen Sie wieder in sein Zimmer.

Seien Sie sicher, je weniger Aufhebens Sie von einem »Ausrutscher« machen, desto besser für die Stimmung und die Motivation. Morgen läuft bestimmt wieder alles nach der neuen, guten Ordnung.

Die Alternativen

Jetzt gibt es drei Möglichkeiten: Erstens, die Hausaufgaben sind fertig. Also alles in Ordnung. Zweitens, Ihr Kind ist noch beim Schreiben. Fragen Sie nach, wann es angefangen hat und wie lange es noch

braucht. Keine Vorwürfe, keine Erklärungen, keine Diskussionen. Gehen Sie einfach wieder aus dem Zimmer und lassen Sie Ihr Kind fertigarbeiten. Erst beim Abendessen sagen Sie ihm ruhig: »Morgen will ich, dass Du pünktlich anfängst.« Bitte sagen Sie nicht mehr und reden Sie auch nicht mehr über dieses Thema.
Drittens: Ihr Kind hat mit den Hausaufgaben noch nicht begonnen. Setzen Sie sich zu ihm, fragen Sie, ob ihm die Hausaufgabenzeiten so nicht passen und ob man sie verschieben soll. Meist wird es das nicht wollen, sondern nur verlegen eine Ausrede suchen. Nehmen Sie Erklärungen zur Kenntnis, aber gehen Sie nicht auf sie ein.
Wenn es die Zeiten wirklich verschieben möchte, bieten Sie das kommende Wochenende zum Neuplanen an. Bis dahin wird der alte Plan beibehalten. Legen Sie einen »Heute-Ausnahmsweise-Ersatzzeitpunkt« in etwa 30 Minuten fest – nicht sofort. Erinnern Sie Ihr Kind dann nochmal fünf Minuten vorher an das Anfangen, zu 95 Prozent klappt es jetzt. Erklären Sie abends noch einmal kurz, dass Sie erwarten, dass morgen die Zeit eingehalten wird. Keine Vorwürfe, Streitereien oder Diskussionen!

Ihr Kind sollte bald genug Verantwortungsgefühl und Selbstmotivation haben, um seine Hausaufgaben zu erledigen. Greifen Sie also nicht sofort ein, wenn nicht alles auf Anhieb funktioniert.

Wenn es gar nicht klappt

Akzeptiert Ihr Kind eine festgelegte Hausaufgaben- und Lernzeit nicht, dann lassen Sie es zunächst völlig in Ruhe. Schaffen Sie alle Pläne ab, und sagen Sie ihm, dass es selber bestimmen könne, wie und wann es lernen wolle. Auch wenn es Ihnen schwer fällt, bitte mischen Sie sich für mindestens vier Wochen absolut nicht mehr in schulische Belange ein. Helfen Sie nur dann bei seinen Hausaufgaben, wenn Ihr Kind Sie dringend darum bittet. Erzählt Ihr Kind von guten Noten, freuen Sie sich mit ihm, bekommt es schlechte, trösten Sie es.
Ihr Kind will sich offensichtlich bei seinen Hausaufgaben- und Lernproblemen nicht von Ihnen helfen lassen. Es traut sich zu, dieses Problem ganz allein zu lösen, ohne von Ihnen »bevormundet« zu werden – so kommt ihm Ihr Zeitplan nämlich im Augenblick vor.

Geraten Sie nicht in Panik, vertrauen Sie einfach darauf, dass Ihr Kind mit den Anforderungen beim Lernen zurechtkommen wird. Bleiben Sie ruhig und seien Sie sehr liebevoll, verkneifen Sie sich unbedingt jede Neugierde, Vorwürfe oder Kritik.
Meistens wirkt diese Zurückhaltung bei gleichzeitiger liebevoller Atmosphäre erstaunlich gut. Nach etwa einem Monat hat Ihr Kind seine Hausaufgaben- und Lernsituation entweder allein besser in den Griff bekommen, oder es nimmt gern Ihre Hilfe an. Jetzt können Sie nochmal fragen, ob es nun einen Zeitplan für seine Aufgaben möchte, oder lieber wie bisher selber bestimmt, wann es lernt. Ziemlich sicher wird es jetzt versuchen, mit dem Lernplan weiterzukommen.
Wenn es weiterhin Lern-Probleme geben sollte, sollten Sie gemeinsam mit Ihrem Kind und dem Lehrer nach möglichen Ursachen forschen. In den nächsten Kapiteln finden Sie für die häufigsten Lernschwierigkeiten einfache Lösungsvorschläge.

So unabdingbar das Lernen und die Erledigung von Hausaufgaben unter der Woche sind, so grundsätzlich frei von schulischen Verpflichtungen sollten Wochenenden und (zumindest Teile der) Ferien sein.

Wochenende und Ferien

Generell sollten das Wochenende und die Schulferien völlig frei von Hausaufgaben oder Lernpflichten für Ihren Sohn oder Ihre Tochter sein. Ihr Kind sollte zumindest den Sonntag als frei von Pflichten erleben und sich darüber freuen können. Und auch die Ferien sind dazu da, abzuschalten und die schulischen Pflichten zu vergessen.
Es gibt nur eine, sehr seltene Ausnahme, nämlich dann, wenn Ihr Kind wirklich freiwillig und aus ganzem Herzen lernen will.
Manche Kinder haben wirklich Spaß daran, auch am Samstag Englisch oder Mathe zu pauken, bei den meisten sind aber schlechte Leistungen oder Versäumnisse der Grund für die Mehrarbeit.
Honorieren Sie unbedingt jede Stunde Freizeit, die Ihr Kind mit Schulbüchern verbringt, mit einer kleinen Aufmerksamkeit, unabhängig davon, wie die schulischen Leistungen Ihres Kindes sind. Aber »locken« Sie es niemals mit in Aussicht gestellten Belohnungen an den Schreibtisch.

Schule und Lernen sind wichtig. Doch auch für die Schneeballschlacht mit Freunden muss genügend Zeit bleiben.

Freiraum ist notwendig

Beschränken Sie die entspannenden Aktivitäten Ihres Kindes nicht, wenn es Probleme mit den Hausaufgaben gibt, sonst besetzt es dieses Thema zusätzlich negativ.

Denken Sie daran: Das Leben Ihres Kindes besteht nicht nur aus Schule und Hausaufgaben. Richtige Entspannung, am Computer basteln, das Treffen mit Freunden, gemeinsames Spielen, Sport und andere Freizeitaktivitäten, Fernsehen, Musikhören, Lesen, Träumen oder einen Ausflug mit der Familie machen sind für ein glückliches und erfolgreiches Heranwachsen Ihres Sprösslings genauso wichtig. Der schulische Leistungsanspruch und die Hausaufgabenpflichten dürfen, so wichtig sie ebenfalls sein mögen, nie längere Zeit das beherrschende Thema in der Familie sein.

Für das Leben lernen

Schulanfänger haben sie besonders oft, diese »Aha-Erlebnisse«, wenn sich plötzlich aus einzelnen Buchstaben oder Silben Wörter bilden, denen sie im täglichen Leben begegnen. Plötzlich geben das Flaschenetikett, das Schild im Supermarkt und die Leuchtreklame ihr Geheimnis preis, und Ihr Kind wird stolz sein, die Wörter lesen oder beim Bezahlen an der Kasse das Geld richtig abzählen zu können. Solche Erlebnisse sind die beste Triebfeder für den Lerneifer Ihres Sohns oder Ihrer Tochter, denn sie zeigen unmittelbar, dass Gelerntes wichtig und anwendbar ist. Solche direkt motivierenden Erlebnisse erfährt Ihr Kind auch beim Lernen von Sprachen, wenn es beispielsweise die Liedtexte englischer oder französischer Hits entschlüsseln und sich dank seiner Englischkenntnisse sicher im Internet bewegen kann.

Solche Beispiele zeigen, wie wichtig schulisches Lernen für »das Leben« ist. Zumindest bei den Grundfertigkeiten wie Lesen, Schreiben und Rechnen wird Ihr Kind keine Schwierigkeiten haben, das Gelernte in seiner Freizeit anwenden zu können, so einen direkten Nutzen zu erkennen und weitere Lernimpulse zu erhalten. Je abstrakter der Stoff in den höheren Klassen wird, desto indirekter sind die Anwendungsmöglichkeiten auf das tägliche Leben – doch das heißt nicht, dass es keinen Spaß macht, sich Wissen anzueignen und »durchzublicken«! Geben Sie Ihrem Kind im täglichen Leben Gelegenheit, den Lernstoff und sein Wissen anzubringen. Vielleicht kennt es die lateinischen Wurzeln verschiedener Wörter oder weiß etwas über die physikalischen und chemischen Zusammenhänge der Dinge, die Sie umgeben. Seien Sie neugierig, wenn es von sich aus Gelerntes zur Sprache bringt, aber fragen Sie Ihr Kind nicht ab und belehren Sie es nicht.

Freuen Sie sich gemeinsam mit Ihrem Kind an dem schulischen Wissen, das es auf das Alltagsleben übertragen kann. Das steigert die Motivation und die Lust am Lernen.

Freizeit muss frei bleiben

- Erstellen Sie keinen Wochenend- oder Ferienplan zum Lernen.
- Zusätzliches Büffeln in der Freizeit muss immer absolut freiwillig bleiben, ganz besonders auch dann, wenn die Versetzung Ihres Sprösslings gefährdet ist.
- Nur das strikte Respektieren der schulfreien Zeit garantiert, dass die Lernphasen während der Woche von Ihrem Kind tatsächlich ernst genommen und optimal genutzt werden können.

In angenehmer Umgebung experimentieren kleine Wissenschaftler mit noch viel größerem Eifer und suchen Antworten auf ihre Fragen.

Das Lernumfeld optimal gestalten

In einer Wohnung, die uns gefällt, fühlen wir uns wohl und entspannt, und das sind auch die idealen Voraussetzungen für erfolgreiches Lernen. In der Schule haben Sie wenig Einfluss auf die Klassenzimmergestaltung, aber zu Hause können Sie schon mit kleinen Veränderungen eine optimale Atmosphäre schaffen und so Ihrem Kind das Büffeln spürbar erleichtern. Gestalten Sie zusammen mit Ihrem Sohn oder Ihrer Tochter das Lernumfeld so, dass sich Ihr Kind darin wohl fühlt. Sie werden sehen, dass es gern auf Ihre Vorschläge eingeht und die folgenden Überlegungen und Ratschläge Erfolge zeigen.

Die wichtigsten Informationen nehmen wir mit den Augen auf, und so ist es nicht verwunderlich, dass sich eine stimulierende und angenehme Umwelt grundsätzlich positiv auf die Leistungsbereitschaft auswirkt.

Einfluss der Umgebung auf das Lernen

Nur wenn Ihr Kind sich in seinem Zimmer wohl und sicher fühlt, kann es dort auch wirklich gut lernen. In einer Umgebung, die als sicher, angenehm und toll empfunden wird, lernt ein Schüler in einer Stunde das Dreifache dessen, was er in einem Zimmer lernt, das ihm völlig gleichgültig ist.
Empfindet Ihr Kind den Raum hingegen auch nur als etwas unangenehm, wird dadurch bereits soviel Stress erzeugt, dass die Lernbereitschaft schon um 20 bis 50 Prozent unter den Durchschnitt fällt.
Gefällt ihm das Zimmer überhaupt nicht oder hat es sogar Angst darin, sinkt die Lernfähigkeit extrem, nämlich um mindestens 50 bis 100 Prozent. Das heißt im Klartext, dass Ihr Kind kaum mehr oder gar nicht mehr in der Lage ist, sich auf die Schulbücher zu konzentrieren und erfolgreich zu arbeiten! Sie sehen, es lohnt sich also, dem Lernumfeld Ihres Kindes Aufmerksamkeit zu schenken und es funktionsgerecht und gemütlich zu gestalten.

Überraschend viele Kinder machen Ihre Hausaufgaben übrigens nicht in ihrem Zimmer an ihrem Schreibtisch, sondern am Küchentisch oder im Wohnzimmer. Grund dafür ist die Suche nach einem freundlichen, geborgenen Platz und die vertraute Nähe der Mutter oder anderer Familienmitglieder.
Ermuntern Sie Ihr Kind immer wieder, die Hausaufgaben in seinem Zimmer zu machen – aber zwingen Sie es niemals dazu! Haben Sie Geduld, und verändern Sie das Kinderzimmer. Auf den nächsten Seiten erfahren Sie, wie Sie es so gestalten können, dass sich Ihr Kind darin wohl fühlen und dort gerne seine Schularbeiten machen wird.

Ihr Kind muss seine Hausaufgaben ungestört von Geschwistern machen können und einen Bereich haben, in den es sich zurückziehen kann.

Das Kinderzimmer

Das Kinderzimmer ist der erste persönliche Ausdrucksraum Ihres Sohnes bzw. Ihrer Tochter. Ihr Kind muss deshalb die Gestaltung mitbestimmen können – mit zunehmendem Alter immer stärker, bis es schließlich mit etwa 14 bis 16 Jahren fast ganz allein sein »kleines Reich« regiert. Teilt Ihr Kind sein Zimmer mit ein oder zwei Geschwistern, braucht jedes Kind seine »Mini-Privatsphäre« im gemeinsamen Raum: z. B. das eigene Bett, den eigenen Schreibtisch, den eigenen Schrank (bzw. -anteil). Regale, Teppiche oder verschiedenfarbige Schubladen und Fächer können zusätzliche Grenzen markieren, die die Geschwister untereinander respektieren lernen sollten.

Zimmergröße

Das Kinderzimmer sollte eine Größe von mindestens 10 qm für ein Kind (14 qm für zwei Kinder, 18 qm für drei Kinder) haben. Nur dann können Bett, Schrank, Schreibtisch und Regale so gestellt werden, dass auch noch etwas Freiraum zum Spielen bleibt.
Haben Sie weniger Platz zur Verfügung, können Sie mit Tricks mehr Raumgefühl erzeugen bzw. den Raum besser aufteilen:

- Stellen Sie Hoch- oder Stockbetten ins Zimmer.
- Offene Regale werden mit Türen oder Vorhängen geschlossen.

- Alle Spielsachen und Kleidungsstücke, die nicht ständig gebraucht werden, wandern in einen »Kinderschrank« im Keller.
- Möbel, Teppiche und Wände sollten eine helle Farbe haben.
- viele verschiedene Lichtquellen schaffen mehr Raum als eine einzelne Deckenlampe.

Zimmereinrichtung

Möbel: Bett, Schrank, Regale und Kommoden sollten einfach, robust, funktionell und gut zu reinigen sein und kindgerechte Größen haben. Das beste und gemütlichste Material ist helles Holz. Vermeiden Sie Stahlrohrkonstruktionen und Plastik- oder Eisenmöbel.

Gestalten Sie die Einrichtung des Kinderzimmers mit farbigen Kissen, Lampen, Schreibutensilien und Bildern so, dass Ihr Kind sich wohl fühlt, positiv gestimmt und nicht abgelenkt wird.

Farben: Kinder lieben klare, helle und kräftige Farben. Aber gestalten Sie das Kinderzimmer nicht zu bunt, sonst entsteht leicht das Gefühl der Verwirrung. Düstere und schmutzige Farben sowie verwaschene Pastelltöne können ermüden und verunsichern.
Farben und Stimmungen haben viel miteinander zu tun. Statten Sie das Kinderzimmer deshalb mit freundlichen Farben im rot-orange-gelb-Bereich (aufmunternde, warme Farben, die Vertrauen geben) oder im blau-violett-grün-Bereich (Farben, die beruhigen und entspannen) aus.

Spielsachen

Teddybären, Legosteine, Bälle, Barbiepuppen, Kuschelmonster, Autos, Sticker-Alben, Holzperlen, CDs, Buntstifte, Flugzeugmodelle, Comic- und »Bravo«-Sammlung, Kaufladen, Computer usw. – in den meisten Kinderzimmern quellen Schränke und Regale über von einem Sammelsurium an Spielzeug. Die meisten Kinder schleppen so in einem wilden Durcheinander ihre Kleinkind-, Kindergarten- und Vorschulzeit in ihrem Zimmer mit.
Kinder entwickeln sich sehr schnell, deshalb sind die Spielsachen vom vorigen Jahr bald uninteressant – und haben deshalb auch

nichts mehr im Kinderzimmer zu suchen. Nur konsequentes, regelmäßiges Beseitigen von Altem, Bekanntem und Verbrauchtem schafft den nötigen Freiraum für Neues.

Eltern unterschätzen oft die rasante Entwicklung ihres Kindes, denn die Erwachsenen selbst lernen nicht mehr tagtäglich so viel dazu wie ihr Kind. Entsprechend dieser inneren Entwicklung muss auch eine Veränderung stattfinden, denn das Kind muss sich als Baby, als vierjähriger Kindergartenneuling oder als siebenjähriger Zweitklässler einfach mit ganz anderen Dingen umgeben, als beim Übertritt ins Gymnasium mit 10 Jahren.

Bitte entrümpeln Sie deshalb zusammen mit Ihrer Tochter oder Ihrem Sohn mindestens alle sechs Monate das Kinderzimmer. Werfen Sie dabei niemals Sachen weg, an denen Ihr Kind hängt, auch wenn es der inzwischen total schmuddelige Hund aus der Babyzeit oder die schrecklichen Plastikmonster sind.

Dank einer auf diese Weise immer wieder »bereinigten« Atmosphäre im Kinderzimmer wird Ihr Kind mit mehr Lust spielen und kreativer lernen können.

Je älter Ihr Kind ist, desto mehr können Sie es beim Aussortieren der alten Sachen mit einbeziehen, doch ein Vorsortieren lohnt sich, weil die meisten Kinder viel zu viel aufheben wollen.

Kinder brauchen immer wieder neue, altersgemäße Spielsachen. Doch ein Überangebot im Kinderzimmer wirkt sich eher negativ auf Lernen und Spiel aus.

Pflanzen

Ein paar schöne, gesunde Pflanzen im Kinderzimmer schaffen eine gute Atmosphäre und können auch die Lernbereitschaft steigern, denn grün ist eine Farbe, die beruhigt und die Konzentration unterstützt. Tests haben ergeben, dass der jährliche Notendurchschnitt von Schülern, die viel Grün in ihrem Klassenzimmer hatten, um 1,2 Noten besser lag als der von Parallelklassen ohne Pflanzen.
Verwandeln Sie das Kinderzimmer aber nicht in einen Dschungel. Stachlige Kakteen oder Palmen sind keine Pflanzen fürs Kinderzimmer. Geeignete Pflanzen sind pflegeleicht, auf keinen Fall giftig und auch nicht stachelig. Lassen Sie Ihr Kind am besten selber eine Pflanze aussuchen, und leiten sie es an, sie selbst zu pflegen.

Lernort Schreibtisch

Der Arbeitsplatz Ihres Kindes sollte eine Oase sein, die zum Lernen einlädt. Nehmen Sie sich eine halbe Stunde Zeit, um herauszufinden, ob er das auch wirklich ist.
Führen Sie den nachfolgenden Test durch, wenn Sie ganz allein in der Wohnung sind. Räumen Sie das Kinderzimmer vorher nicht extra auf. Setzen Sie sich an den Arbeitsplatz Ihres Kindes. Nehmen Sie diese Testfragen, ein Blatt Papier und einen Stift mit und notieren Sie bitte kurz Ihre Antworten auf folgende Fragen:

Versuchen Sie, sich in die Situation Ihres Kindes zu versetzen, nachzuempfinden, wie es sich in seinem Zimmer beim Hausaufgabenmachen fühlen mag.

Test zum Lernort Schreibtisch

Um einschätzen zu können, wie gut Ihr Kind an seinem Schreibtisch lernen kann, bearbeiten Sie bitte folgende Fragen:

- Spüren Sie nach: Fühle ich mich hier wohl? Wenn ja, warum? Wenn nein, warum nicht?
- Gibt es etwas im Zimmer, das mir besonders gut gefällt – oder mich stark stört?
- Sitze ich hier bequem?

- Kann mein Kind hier bequem sitzen?
- Wie empfinde ich den Schreibtisch? Was liegt herum, was gefällt mir, was stört mich?
- Was müsste ich auf dem Schreibtisch verändern, wenn ich selbst daran arbeiten wollte?
- Wie ist die Aussicht vom Schreibtischstuhl aus – worauf blicke ich? Ist das, was ich sehe, angenehm oder unangenehm?
- Wenn das Kinderzimmer nun mein eigenes Zimmer wäre – was würde ich unbedingt verändern?
- Würde ich auch den Schreibtisch verstellen, wenn es mein eigener wäre? Falls ja, setzen Sie sich mit dem Schreibtischstuhl an die gewünschte Stelle und beurteilen Sie den neuen Standort.

Zugegeben, es ist nicht ganz einfach, sich so in die Stimmungen und Gefühle Ihres Kindes zu versetzen, doch niemand kennt es besser als Sie! Außerdem haben Tests erwiesen, dass Kinder nicht so sehr verschieden von ihren Eltern sind. Zu 75 Prozent bis 98 Prozent haben sie die gleichen Vorlieben und Abneigungen wie die Eltern, deshalb wird ein Arbeitsplatz, der Ihnen gefällt, auch Ihr Kind faszinieren – und umgekehrt wird fast alles, was Sie stört, auch Ihr Kind beim Lernen hemmen.

Lassen Sie Ihr Kind seinen »Traum-Schreibtisch« malen und unterstützen sie so seine Vorstellungskraft für die Verbesserung des Lernumfeldes.

Ein idealer Lernplatz

Die Ergebnisse Ihres »Selbsttests« zeigen Ihnen, welche Veränderungen unbedingt nötig sind, damit der Schreibtisch Ihres Kindes zu einem angenehmen Lernort wird. Befragen Sie jetzt auch Ihr Kind nach seinen Wünschen und Anregungen. Gehen Sie nun noch alle folgenden Punkte durch, vielleicht finden Sie weitere Anregungen.

Standort: Hell und geschützt. Das Kind sollte mit dem Rücken zu einer Wand oder zu einem Regal sitzen können, das vermittelt Geborgenheit und nimmt die Unsicherheiten, die jeder Mensch hat, der mit dem Rücken zum offenen Raum hin sitzen muss.

Maße: Kindgerecht und ergonomisch angepasst. Der Schreibtisch

sollte höhenverstellbar sein, so dass er mit Ihrem Kind »mitwachsen« kann.
Material: Am besten helles Holz mit unempfindlicher Oberfläche. Holz hat eine natürliche und warme Ausstrahlung und wirkt nicht so kalt und steril wie einfarbige Kunststoffbeschichtungen.
Ausstattung: Mindestens eine Schublade und ein Fach oder Regal in Reichweite. Besser sind mehrere Schubfächer und ein Schreibtischunterschrank mit Tür. So können alle Schulsachen immer optimal geordnet und verstaut werden, denn nur das momentan Wichtige sollte auf dem Tisch liegen oder im Blickfeld sein.

Von seinem Arbeitsplatz am Kinderschreibtisch aus sollte Ihr Kind seinen Blick schweifen lassen können und sich nicht eingeengt fühlen.

Utensilien: Sinnvoll können eine einfarbige Schreibtischunterlage und ein kleiner Schreibtischbutler sein. Scheren, Klebstoff, Buntstifte usw. sollten aber in der Schublade geordnet aufbewahrt werden. Kleine Glücksbringer, ein Foto oder ein Lieblingsgegenstand schaffen eine persönliche Atmosphäre. Lassen Sie Ihr Kind höchstens drei solcher »persönlicher« Dinge auf dem Tisch platzieren, sonst entsteht schnell Ablenkung und das Gefühl von Verwirrung.
An einer Pinnwand neben dem Schreibtisch finden Notizen und der Stundenplan ihren Platz. Für Fotos, Bilder, Poster usw. besser eine zweite Pinnwand an einer anderen Wand anbringen!
Licht: Tageslicht ist natürlich am besten. Das Fenster befindet sich idealerweise etwas links vom Tisch, damit die Hand Ihres – in diesem Fall rechtshändigen – Kindes beim Schreiben keinen störenden Schatten wirft. Eine blendfreie, hübsche Schreibtischlampe sollte deshalb auch links oder in der Mitte des Tisches stehen. Verwenden Sie eine normale Glühbirne oder einen Strahler, denn das Licht von Halogen-Birnchen, Sparlampen oder Neonröhren kann für sensible Kinder zu »kalt« sein und Nervosität fördern.

Muss Ordnung wirklich sein?

Ja, Ordnung muss unbedingt sein, denn eine klare, saubere (nicht unnatürlich sterile!) Umgebung macht den Kopf frei und ermöglicht erst Konzentration. Deshalb gibt es eine klare Regel: Zu Beginn der

Hausaufgaben sollte im Zimmer und am Arbeitsplatz aufgeräumt, die Schulsachen sollten gut geordnet sein.
Wenn Spielsachen, Hefte, Bücher und Arbeitsmaterial wild durcheinander liegen, ist Ihr Kind automatisch ständig abgelenkt durch die vielen Dinge, die es sieht. Das Gehirn versucht zwar, die störende Ablenkung auszufiltern, aber spätestens wenn Ihr Kind sein Lesebuch unter dem Comic-Stapel oder den Spitzer in der Sammelsurium-Spielkiste suchen muss, ist die Konzentration dahin. Es braucht nach einer Ablenkung bis zu 3 Minuten, um wieder in die Welt des Lernens einzutauchen, manchmal verliert es sogar völlig den Faden oder speichert falsche Zusammenhänge des Lernstoffs.

Auch wenn die Informationsverarbeitung des Gehirns mit atemberaubender Geschwindigkeit vor sich geht, kann es doch immer nur eine Sache aufnehmen – und das sollten keine Nebensächlichkeiten sein.

Wie das Gehirn arbeitet

Die Aufnahmebereitschaft und Merkfähigkeit unseres Gehirns funktioniert nach einem strengen Ordnungsprinzip. Vereinfacht kann man sich das in etwa so vorstellen, als würden in einem riesigen Archiv permanent neue Informationen in verschiedenen Ordnern und Schränken abgelegt. Sortiert z. B. nach Alphabet, Größe, Eigenschaften, Zeit und Wichtigkeit. Neue Zahlen werden bei den bereits bekannten gespeichert, neue Wörter neben den schon gelernten – und auch Querverbindungen werden erstellt.
So ist beispielsweise im Gehirnarchiv unter dem Stichwort »Apfel« sowohl das Bild der Frucht abgelegt als auch die korrekte Schreibweise, der Geschmack und das Wissen über verschiedene Sorten. Querverweise existieren z. B. zum Sündenfall im Paradies, zur Apfelschorle, dem englischen »apple«, dem Apfelkuchen von Oma usw.

So wirkt sich Unordnung aus

Ein Kind lernt beispielsweise gerade neu, wie ein Apfel aufgebaut ist, Schale, Fruchtfleisch, Kerne usw. Zum Ausmalen eines Apfelquerschnitts braucht es seine Buntstifte. Das Federmäppchen liegt nicht auf dem Schreibtisch und ist nicht in der Schublade zu finden. Dort liegen die neuen Klebebildchen, Murmeln, ein alter Kaugummi, vertrocknete Filzschreiber und vieles mehr.

Es sucht im Regal, im Bett, in dem bunten Gewühl auf dem Spielteppich. Endlich, das Mäppchen findet sich unter dem Bett – leider fehlen die meisten Stifte. Sie liegen noch im Malbuch auf dem Kindersessel. Zurück am Schreibtisch, wird endlich der Apfel ausgemalt, die Schale rot, das Fleisch gelb, die Kerne braun – doch die Gedanken schweifen ab, der Rotstift bricht und muss neu gespitzt werden, und schließlich verliert das Kind die Geduld und malt den Rest des Bildes einfach irgendwie aus. Das Bild ist deshalb verdorben, das Kind will es gar nicht mehr sehen, ist wütend und wirft das Heft auf den Boden.

Bei der Speicherung von Wissen wird oft auch eine Stimmung im Gehirn mit »abgelegt« die dann wieder mit »aufgerufen« wird und das Erinnern besonders angenehm oder unangenehm färben kann.

Was ist dabei in seinem Gehirn passiert? Unter dem Stichwort »Apfel« sind nun plötzlich Hunderte recht eigenartige Einträge und Querverweise zu finden: z. B. ein roter Stift, Murmeln, ein trockener Kaugummi, das Gefühl von Ärger, Wut und Misserfolg.

Wenn am nächsten Tag die Lehrerin fragt, wie ein Apfel von innen aussieht, taucht bei dem Kind sofort die Erinnerung an das misslungene Bild, den abgebrochenen Stift, an die Unordnung in der

Zwischen Kuscheltier und Spielzeug lässt es sich wunderbar träumen, an ein konzentriertes Arbeiten und Lernen ist dabei jedoch nicht zu denken.

Schublade und die Suche nach dem Mäppchen auf. Nur die richtige Antwort: Schale, Fruchtfleisch, Kerngehäuse, Kerne, die findet es in diesem Chaos nicht so schnell.

Ordentliche Kinder gibt es nicht

Jede Ordnung setzt eine lange Erfahrung mit vielen verschiedenen Systemen voraus. Dass z. B. der Teddybär auf das Regal zu den anderen Stofftieren, die Autos in die Autokiste und die Hefte in ein bestimmtes Fach gehören, ist uns Eltern nur deshalb so klar, weil wir selbst Hunderte von ähnlichen Ordnungssystemen haben und in unserem Alltag seit Jahrzehnten sowohl angelernte als auch selbst entwickelte Ordnungsprinzipien und -kategorien nutzen.
Bei Kindern bildet sich aber die Fähigkeit, brauchbare Ordnungssysteme selbst zu entwickeln und parallel viele davon aufrechtzuerhalten, meist erst im Laufe des Heranwachsens heraus – deshalb brauchen sie dabei sehr lange die Hilfe der Eltern.

Selbst ein 14- bis 16-Jähriger kann noch damit überfordert sein, sein Zimmer in Ordnung zu halten, und braucht dann noch Tipps und Ihre Unterstützung.

Kinder lieben Ordnung

Dass Kinder die Ordnung lieben, scheint ein Widerspruch zu dem eben Gesagten zu sein – aber tatsächlich kennen Sie das Phänomen, dass etwa die rote Puppe immer ganz links stehen muss, dann der Teddy und schließlich das Auto daneben gehören. Viele Kinder bestehen auf das immer gleiche Ritual am Abend, manche hören sogar lieber 100mal dieselbe Gute-Nacht-Geschichte als jeden Tag eine neue. Das natürliche Bedürfnis nach Wiederholung und festen Regeln ermöglicht nämlich erst, dass sich Kinder nach und nach in unserer komplexen Umwelt zurechtfinden.

So klappt das Aufräumen

Auch Ihr Kind wird wahrscheinlich unordentlich sein, und alles Zureden, Schimpfen und Ermahnen nützt herzlich wenig. Geben Sie

den Kampf gegen die Unordentlichkeit Ihres Kindes auf, schonen Sie Ihre Nerven. Schimpfen, ständiger Druck und Nörgelei machen Ihr Kind garantiert nicht ordentlicher.
Es gibt nur eine Vorgehensweise, nach der Sie mit großer Wahrscheinlichkeit in nur einem halben Jahr aus einem kleinen Chaoten ein relativ ordentliches Kind machen können.

- Räumen Sie einmal täglich das Kinderzimmer auf.
- Achten Sie darauf, die »eigene Ordnung« Ihres Kindes nicht durcheinander zu bringen.
- Aufgestellte Spiele, angefangene Puzzles usw. bleiben natürlich auch unberührt.
- Wenn Sie kleine Müllberge in einer Schrankecke, getragene Socken in der Schreibtischschublade, Apfelreste in den Winterschuhen oder ähnliches finden – bitte entfernen Sie sie wortlos!
- Jammern Sie niemals über die Mühe des Aufräumens oder die Schlampigkeit Ihres Kindes. Im Gegenteil: Zeigen Sie Ihrem Kind immer so gut es geht, dass es Spaß macht, für Ordnung zu sorgen.
- Räumen Sie zusätzlich jeden Tag vor den Hausaufgaben oder am Abend eine Viertelstunde zusammen mit Ihrem Kind das Zimmer auf. Lassen Sie Musik dabei laufen oder nutzen Sie die Zeit, mit Ihrem Kind über Tagesgeschehnisse zu reden. Ist alles wieder sauber, dann stellen Sie sich mit Ihrem Kind mitten ins Zimmer und freuen sich gemeinsam, dass alles ordentlich ist.

Respektieren Sie beim Aufräumen in jedem Fall die Privatsphäre Ihres Sohnes oder Ihrer Tochter und schauen Sie niemals in private Notizen, Tagebücher oder Briefe.

Wenn Sie das sechs Monate praktiziert haben, werden Sie erstaunt bemerken, dass Ihr Kind oft völlig unaufgefordert seine Schuhe ins Regal stellt und seine Bücher und Stifte sortiert.
Wenn es so weit ist, können Sie Ihr Kind etwa ein- oder zweimal pro Woche die gemeinsame Aufräumviertelstunde alleine machen lassen. Schrittweise wird es dabei selbstständiger und braucht nach ein oder zwei Jahren kaum noch Ihre Hilfe.
Wenn Ihr Kind es zwischendurch einmal nicht schafft, seinen Teil der inzwischen übernommenen Aufräumarbeit zu übernehmen, dann helfen Sie ihm bitte ohne zu zögern und ohne Vorwürfe.

Das kreative Chaos

Immer dann, wenn wir uns intensiv mit einer Sache beschäftigen, wird unsere Aufmerksamkeit für andere, uns umgebende Dinge automatisch gedämpft. Deshalb ist es nicht nur absolut natürlich, sondern sogar ein Zeichen intensiver Konzentration, wenn Ihr Kind beim Hausaufgabenmachen oft nach und nach ein riesiges »Schlachtfeld« aufbaut: auf dem Schreibtisch liegen drei Bücher und eine Mappe übereinander, zwei Hefte liegen aufgeklappt darauf. Lineale, Stifte, Tintenpatronen und Fasermaler sind auf dem Schreibtisch und auf dem Boden verstreut – und irgendwo dazwischen findet gerade noch der Block Platz, auf den Ihr Kind gerade seinen Aufsatz über Umweltverschmutzung schreibt. Vor einer Viertelstunde war hier noch alles in »schönster Ordnung« – bis Ihr Kind vom »Dichter- oder Weltverbessererfieber« befallen wurde und vor lauter Empörung über qualmende Autos, Energievergeudung und zerstörte Wälder alles andere vergessen hat.

Wenn Ihr Kind ab und zu vom eigenen Arbeits- oder Spielchaos überfordert und schon etwas müde ist, helfen Sie ihm beim Aufräumen, auch wenn die gemeinsame Aufräumzeit schon stattgefunden hat.

Störung unerwünscht

Gehen Sie in einer solchen Situation ganz schnell wieder auf Zehenspitzen aus dem Zimmer. Verlieren Sie kein Wort, und versuchen Sie keinesfalls, die auf dem Boden liegenden Stifte und Zettel aufzuheben – Ihr Kind arbeitet nämlich intensiv! Mit jeder noch so gut gemeinten Aufräumaktion würden Sie es nur unnötig stören.
Wenn das Werk endlich zur Zufriedenheit Ihres Kindes vollbracht ist und die Hausaufgaben geschafft sind, braucht Ihr Kind meist erst einmal eine lange Erholungspause. Bestehen Sie nie darauf, dass sofort nach den Hausaufgaben immer alles gleich wieder perfekt sortiert und eingeräumt werden muss. Nach dem Abendessen beispielsweise ist noch Zeit genug – und dann kann Ihr Kind auch Freude daran empfinden, alle Schulsachen rund um den wundervollen Aufsatz wieder aufzuräumen und die Schultasche für den nächsten Tag zu packen, mit dem »großen Werk« mitten darin.

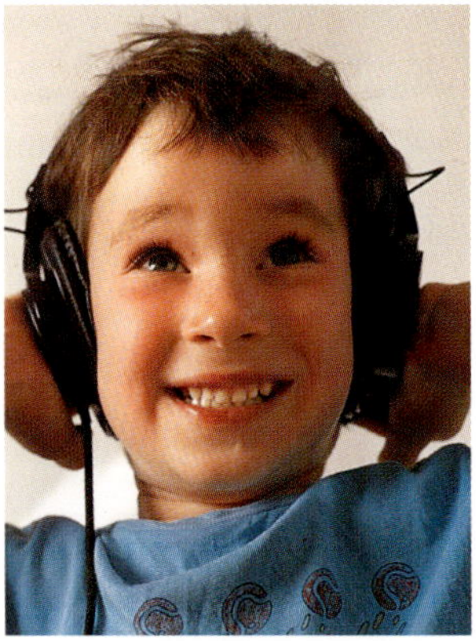

Egal ob Kinderlieder, Popmusik oder Klassik, Lieblingsmusik fördert die gute Laune und hilft zur Entspannung.

Der Einfluss von Musik, TV & Computer

Viele Kinder wollen ihre Hausaufgaben am liebsten mit Musikberieselung oder sogar bei laufendem Fernseher machen. Sie behaupten: »So kann ich mich viel besser konzentrieren!« Eltern und Lehrer sehen das meist ganz anders: »Musik und Fernsehen lenken doch nur ab!« Was stimmt?

Wie Musik wirkt

Musik wirkt direkt auf bestimmte Teile unseres Gehirns, die vor allem für die Steuerung des Erinnerungsvermögens, für Gedächtnisleistungen und für Emotionen verantwortlich sind. Anders als beim Fernsehen werden beim Hören von Musik nicht mehrere Sinne gleichzeitig angesprochen. Es ist zwar richtig, dass man sich immer nur auf eine Sache zur Zeit konzentrieren kann, doch das muss nicht heißen, dass man sich nur auf die Musik konzentriert, wenn man noch etwas anderes zu tun hat. Im Gegenteil: Wer beispielsweise gerade intensiv mit dem Lösen einer mathematischen Aufgabe oder dem Lernen von Vokabeln beschäftigt ist, der »hört« die Musik gar nicht, das heißt, er konzentriert sich nicht geistig auf sie, sondern sie wirkt nur im Hintergrund als Stimmungselement. Diese Stimmungsfunktion macht den Unterschied, ob Musik als störend empfunden wird oder ein hilfreiches Mittel während der Hausaufgabenstunde ist.

Ähnlich dem Phänomen, dass sich einige Kinder bei eingeschaltetem Licht besser dem Schlaf anvertrauen können, brauchen manche eine Hintergrundmusik, um nicht durch die Stille »abgelenkt« zu werden.

Stressabbau

Unsere Gefühle werden sehr stark von Musik beeinflusst. Ein Lied kann uns aus einem angestrengten Gefühlszustand völlig heraushe-

ben, uns plötzlich wieder fröhlich und entspannt stimmen. Wenn wir gerade genervt und hektisch einen Parkplatz suchen, kann uns ein Lieblingssong im Autoradio total umwandeln: Wir werden gelassen, sogar fröhlich, und freuen uns plötzlich auf den heutigen Abend. Ganz nebenbei finden wir jetzt natürlich auch einen Parkplatz, weil wir nicht mehr so verkrampft und verbissen auf die vollen Parkreihen starren, sondern den Blick gelassener schweifen lassen.
Unseren Kindern geht es genauso. Sie schwitzen über einer Rechenaufgabe oder brüten über einer Übersetzung. Der Kopf raucht, die Gedanken kreisen, plötzlich ertönt der Lieblingssong im Radio. Das Kind summt mit, lächelt, wippt vielleicht sogar etwas mit dem Körper mit – und Haltung und Schreibhand entkrampfen sich plötzlich wieder. Trotzdem bleibt die Konzentration bei den Hausaufgaben – wie von Zauberhand fallen ihm jetzt die Lösungen ein. Oft kann man sogar eine Veränderung im Schriftbild feststellen: es wird weicher, harmonischer.
Musik entspannt also – und in entspanntem Zustand können Kinder Dinge bis zu zehnmal besser verstehen und behalten als bei angestrengtem, krampfhaftem Lernen.

Als angenehm empfundene Musik belebt die kreativen Kräfte des Gehirns, entspannt und steigert die Aufnahmefähigkeit. Diese Argumente hat Ihr Kind bei dem Wunsch nach Musikberieselung auf seiner Seite.

Steigerung des Erinnerungsvermögens

Wir alle kennen das Phänomen, dass uns beim Hören eines alten Schlagers die längst vergessene Jugendliebe wieder einfällt, eine Mozartsonate an präzise Einzelheiten des Musikunterrichts erinnert oder irgendein Song uns plötzlich an die Milch, die man heute noch kaufen wollte, mahnt. Genauso erinnert sich Ihr Kind an die gelernten Vokabeln oder die Matheformeln am nächsten Tag und auch nach vielen Jahren besser, wenn das Lernen mit angenehmer Musik und positiver Stimmung verbunden war.
Warum das so ist? Unser Erinnerungsvermögen ist sehr stark an Gefühle gebunden. Je stärker und positiver die Emotionen beim Erleben oder Lernen sind, desto besser bleibt der Inhalt verankert und desto schneller kann er wieder abgerufen werden.

In den meisten Fällen verzichten Kinder von sich aus auf die Musik, wenn sie sich dadurch abgelenkt oder gestört fühlen. Der Recorder oder CD-Player ist dann schnell abgeschaltet.

Mit Hilfe von Musik lässt sich zwar nicht jede Hausaufgaben- und Lernstunde zu einem Höhepunkt an Glückseligkeit und guter Stimmung machen, doch eine positive, angenehme Grundgestimmtheit ist ein wichtiger Faktor für erfolgreiches Lernen. Und wenn Ihr Kind gern Musik hört, während es seine Hausaufgaben erledigt, so spricht einiges dafür, dass es damit die Hausaufgaben besser macht, als wenn es auf die geliebte Musik verzichten müsste.

Schulung des logischen Denkens

Es klingt vielleicht unglaublich, aber es ist wahr: Wenn Ihr Kind Musik hört, singt, auf dem Klavier oder der Gitarre spielt, wird dabei automatisch seine Fähigkeit zu abstraktem Denken trainiert, genauso, als ob es eine Mathematikaufgabe lösen würde.
Wissenschaftler haben herausgefunden, weshalb Kinder aus Familien, in denen sehr viel Musik gehört oder gespielt wird, überdurchschnittlich intelligent sind: Die Bereiche für Logik und Erfassen von Musik im Gehirn sind identisch. Beim Musikhören oder -spielen werden also automatisch die Gehirnbereiche mit den Gehirnzellen und Nervenverbindungen aktiviert, trainiert und ständig ausgebaut, die auch für abstraktes Denkvermögen zuständig sind. Und dieses geistige Leistungsvermögen steht dann auch dem Rechnen, Begreifen von Geschichte oder Erlernen einer komplizierten Grammatik zur Verfügung.

Überdecken von Störungen

Last not least bildet Musik eine Art Geräuschteppich, der alle anderen akustischen Einflüsse dämpft, bzw. überdeckt. So wird Ihr Kind kaum den Verkehr, das Babygeschrei, Hundegebell, das Telefonklingeln oder den Streit der Geschwister im Nachbarzimmer wahrnehmen. Dabei braucht die Musik selbst gar nicht so laut eingestellt zu sein. Allzu laute Musik stört die meisten Kinder, und sie drehen sie von allein leise. Vertrauen Sie also darauf, dass Ihr Kind die Lautstärke, mit der es am besten arbeiten kann, selbst einstellt. Auch um andere Geräusche zu überdecken, braucht die Musik sie nicht zu übertönen, sondern es genügt, wenn sie durch die eigenen Harmonien die störenden Geräusche »ausblendet«. Klänge im Hintergrund werden von vielen Kindern als angenehm empfunden, zumal dann, wenn ihnen die Musik gefällt, wenn sie sie kennen und nicht zum neugierigen oder gespannten Lauschen animiert werden.

Musik ist also in den allermeisten Fällen nicht selbst ein Störfaktor, sondern hilft, störende Einflüsse auszublenden. Das geschieht einerseits dadurch, dass die Musik andere Geräusche überblendet, andererseits aber auch dadurch, dass ein Kind, das Musikbegleitung beim Hausaufgabenmachen und Lernen gewohnt ist, nicht so leicht durch Geräusche abgelenkt werden kann. Während im Extremfall manches Schulkind bei der Klassenarbeit schon durch das Räuspern des Banknachbarn in seiner Konzentration gestört wird, lässt sich ein Kind mit »Musikerfahrung« auch vom Geschrei in die Pause stürmender Klassen nicht so leicht ablenken.

Es gibt genug unangenehme Geräusche, die Ihr Kind beim Lernen ablenken könnten. Musik hilft, Störungen auszublenden und fördert somit die Konzentrationsfähigkeit.

Welche Musik hilft beim Lernen?

- Natürlich die Lieblingsmusik Ihres Kindes! Auch wenn Sie selbst Rap, den Schlümpfen oder Popgedudel nicht viel abgewinnen können, die Hauptsache ist, Ihr Kind ist dabei glücklich und entspannt.
- Lassen Sie Ihr Kind beim Arbeiten die Kassetten oder CDs hören, die es vorher selbst extra dafür ausgesucht hat.
- Ihr Kind kann in seiner Freizeit auch ruhig einmal Ihre Liebligs-CDs oder klassische Musik in seinem Zimmer anhören, wenn es das möchte – vielleicht gefällt ihm etwas davon.
- »Verordnen« Sie Ihrem Sohn oder Ihrer Tochter niemals eine bestimmte Art von Musik zu den Hausaufgaben, etwa Entspannungsmusik oder ein Klavierkonzert.
- Lassen Sie Ihr Kind nicht einfach das Radio anstellen, es kommt nicht immer die geeignete Musik. Lieder, die Ihr Kind nicht besonders mag, können es ärgerlich und nervös machen, und die Werbung oder Nachrichten lenken die Konzentration ab. Besser sind Musikkassetten oder CDs.

Einflussfaktor Fernsehen

Die bunte Bilderflut des Fernsehgeräts gekoppelt mit Sprache, Musik und Information braucht normalerweise zu viel Aufmerksamkeit, als dass Ihr Kind nebenbei noch etwas lernen könnte. In den meisten Fällen lenkt ein eingeschaltetes Fernsehgerät stark ab, auch wenn es nur »im Hintergrund« läuft. Bewegte Bilder haben etwas Faszinierendes, sie sind ein regelrechter Blickfang. Und wer auf die Mattscheibe starrt, kann keine Hausaufgaben machen. Selbst wenn Ihr Kind nicht hinschaut, so wird es doch von den Sprachfetzen, die aus dem Gerät in sein Bewusstsein dringen, abgelenkt.

Das Fernsehen hat einen beinahe unüberwindlichen Aufforderungscharakter, sich mit ihm zu beschäftigen. Deshalb gilt: Flimmerkiste aus beim Hausaufgaben machen und beim Lernen.

Das Fernsehen gehört – wenn es sich nicht gerade um Schulsendungen handelt – eindeutig in den Bereich der Ablenkungen, die in der Hausaufgabenzeit nichts zu suchen haben.

Sendungen gezielt auswählen

Dieses Fernsehverbot sollte für die Hausaufgaben- und Lernzeit absolut strikt gelten. Grundsätzlich sollten aber alle Kinder fernsehen dürfen, denn sie müssen lernen, mit dieser Reiz- und Informationsflut umzugehen. Verbote bringen nichts, im Gegenteil, sie machen das Fernsehen besonders interessant und begehrenswert. Hat dann Ihr Kind bei Verwandten, während der Ferien oder bei Klassenkameraden die Gelegenheit, dann konsumiert es umso unkritischer alle möglichen Sendungen. Wählen Sie also gemeinsam mit Ihrem Kind geeignete Sendungen aus, schauen Sie sie möglichst gemeinsam mit ihm an, und sprechen Sie möglichst anschließend miteinander über das Geschehene. Wenn Sie bei der Sendung nicht zugeschaut haben, lassen Sie sich von Ihrem Kind erzählen, was es gesehen hat, fragen Sie nach, was ihm besonders gefallen hat, und warum es die Sendung langweilig, gut oder schlecht fand.

Wenn gerade zur Hausaufgabenzeit der Lieblingsfilm oder eine wichtige Sportübertragung läuft, kann Ihr Kind seine Aufgaben davor erledigen. War dieser Film gar nicht »geplant«, aber Ihr Sohn oder Ihre Tochter schaut nun schon eine Weile zu und ist sehr gespannt auf den Ausgang, lassen Sie Ihr Kind ausnahmsweise die Sendung zu Ende ansehen. Verbieten Sie Ihrem Kind möglichst nicht, weiter zuzusehen, wenn es schon von dem Geschehen gefesselt ist, denn der Frust über den abrupt abgebrochenen spannenden Film macht sonst die Hausaufgaben zur Qual, und der Lernerfolg wäre nur gering.

Musik-Programme

Vor allem ältere Kinder haben oft einen eigenen Fernseher im Zimmer und bestehen manchmal hartnäckig darauf, ihre geliebten Musikvideos auch beim Lernen laufen zu lassen. Hier gilt: Versuchen Sie, Ihr Kind zu überzeugen, dass Musik bestimmt das Lernen erleichtert. Aber bevor es zum Streit kommt, lassen Sie die Glotze lieber laufen, denn erstaunlicherweise scheinen Jugendliche von diesen Sendungen weniger gestört zu werden, als wir allgemein annehmen. Der positive Effekt, nämlich die gute Stimmung beim Lernen, überwiegt in diesem Fall die Ablenkung.

Manche Sender strahlen quasi rund um die Uhr Videoclips von Musikgruppen aus. Bevor es zum Dauerstreit kommt, sollten Sie Ihrem Sohn oder Ihrer Tochter erlauben, diese Sendungen im Hintergrund laufen zu lassen – wenn dadurch die Hausaufgaben nicht beeinträchtigt werden.

Sonderfall TV-Familien

In manchen Familien ist es Usus, dass von früh bis spät ständig mindestens ein Fernsehapparat läuft. Bei diesen »TV-Familien« ist das flimmernde Fernsehgerät beinahe schon so etwas wie ein Familienmitglied und wird als so normal und selbstverständlich betrachtet, dass es nicht einmal während des Essens oder wenn Besuch kommt abgeschaltet wird. Durch die jahrelange Gewöhnung an den permanenten Fernsehreiz kann so ein Kind tatsächlich seine Konzentration auch auf die Aufgaben lenken, während ein Spielfilm läuft. Denn wenn es damit aufgewachsen ist, dass in jeder Situation auch der Fernseher läuft, dann ist das zu einem Teil der gewohnten Umgebung geworden, es gehört zum Alltag, wie die Geräusche der vorbeifahrenden Autos – und lässt sich deshalb auch leicht ausblenden.

Wenn Sie zu den TV-Familien gehören – egal, ob bei Ihnen der Apparat nun wirklich den ganzen Tag oder nur sehr oft läuft, obwohl niemand bewusst etwas Bestimmtes sehen will-, dann werden Sie Ihr Kind schwer davon überzeugen können, seinen Apparat während der Hausaufgaben- und Lernzeit abzuschalten. Versuchen Sie es trotzdem! Nehmen Sie die Lernpflichten Ihres Kindes zum Anlass, auch eigene eingefahrene Gewohnheiten zu ändern: Gehen Sie selbst mit gutem Beispiel voran und schalten Sie den Fernseher immer öfter aus. Gewöhnen Sie sich selbst und den anderen Familienmitgliedern an, dass das Fernsehgerät normalerweise nicht läuft und nur angeschaltet wird, wenn etwas Bestimmtes angeschaut werden soll.

Noch vor wenigen Jahren galten Leute, die einen Computer zu Hause hatten, als Trendsetter und Freaks. Heute ist er schon so selbstverständlich, dass sogar Bankgeschäfte damit erledigt werden oder die Zeitungslektüre online erfolgt.

Lernen mit dem Computer

Der Siegeszug des Computers ist unaufhaltsam. In vielen deutschen Haushalten steht schon einer dieser Superzwerge, die immer mehr leisten und gleichzeitig immer billiger werden. Egal ob es um Schreibprogramme, Computerspiele oder das Internet geht – meist sind Kinder die absoluten Spezialisten auf den Home-PCs. Mühelos beherrschen sie die kompliziertesten Spiele und bewegen sich sicher im Internet. Und ist die Gefahr der Ablenkung und »Verführung« durch den Computer noch so groß, so kann er auch ein hilfreiches Instrument beim Lernen sein.

Ein alltägliches Gerät

Lehnen Sie den Computer nicht rundweg ab; in der Welt von morgen wird er eine zentrale Rolle spielen, und Ihr Kind wird mit großer Wahrscheinlichkeit irgendwann in seinem Leben einen Nutzen davon haben, wenn es mit dem Computer umgehen kann. Lassen Sie sich ein bisschen anstecken von der Begeisterung für dieses vielfältige Werkzeug, und bitten Sie Ihren Sohn oder Ihre Tochter, Ihnen zu zeigen, was sie alles »drauf haben«. Achten Sie aber darauf, welche Spiele Ihr Kind auf dem Computer hat. Es gibt neben den eintönigen, passiven Gewalt- und Zerstörungsspielen eine ganze Menge interessanter Software, die die kreativen Potentiale fördert. So können etwa Instrumente gespielt, Lieder komponiert und komplexe Bilder gezeichnet werden, was genauso packend ist wie ein neuer Highscore bei »Tetris«.

Die Zeit, die Ihr Kind vor dem Computer verbringt, sollte begrenzt sein, immer eine Art Besonderheit darstellen, der man nicht nach Belieben frönen darf.

Hausaufaben einmal anders

Für viele Kinder ist es ein besonderer Anreiz, Hausaufgaben – oder zumindest Teile davon – auf dem Computer zu erstellen. Für das Lernen von Sprachen, für Mathematik und weitere Stoffgebiete gibt es schon Lernsoftware, die auch an einigen Schulen verwendet wird. Informieren Sie sich, welche Möglichkeiten es an der Schule Ihres Kindes gibt. Aber auch wenn die Schule Ihrer Tochter oder Ihres Sohnes noch nicht mit Computern im Unterricht arbeitet, können Sie dennoch Lernsoftware kaufen und Ihrem Kind so die Möglichkeit geben, Interessen und Pflichten auf angenehme Art miteinander zu verknüpfen. Gehen Sie gemeinsam los und suchen Sie zusammen mit Ihrem Kind Software aus, die es dann auch bestimmt nutzt.

Die jungen Computerfreaks sind ihren Eltern oft weit voraus. Trotz aller Vorbehalte können Computer eine gute Lernhilfe sein.

Nur mit dem Schulbesuch ist es leider nicht getan. Auch zu Hause müssen Kinder den Unterrichtsstoff wiederholen und regelmäßig lernen.

Hausaufgabenhilfe für mein Kind

Unsere Kinder müssen täglich eine Menge Neues aufnehmen. Damit sie das in der Schule Erklärte wirklich begreifen, müssen sie zu Hause bei den Hausaufgaben das Gelernte üben, damit es wirklich »sitzt«. Und sie müssen Lernstoff für die nächste Stunde vorbereiten oder auswendig lernen. Erfolg oder Misserfolg in der Schule hängen also untrennbar mit dem Lernen daheim zusammen – und hier können wir Eltern, anders als in der Schule, direkten Einfluss auf das Lernverhalten unserer Kinder haben.

Kontrolle ist gut – Vertrauen ist besser

Im ersten Schuljahr ist die aktive Hausaufgabenhilfe der Eltern nötig und gibt dem Kind das sichere Gefühl, die Anforderungen erfüllen zu können.

Viele Eltern schauen jeden Tag im Hausaufgabenheft nach, welche Hausaufgaben ihr Kind hat, überprüfen dann, ob es sie auch alle ordentlich gemacht hat, und fragen auch den auswendig zu lernenden Lernstoff ab. Finden sie Fehler im schriftlichen oder Wissenslücken im mündlichen Bereich, muss das Kind sich noch einmal hinsetzen, die beanstandeten Aufgaben neu schreiben und das Gedicht oder die Englischvokabeln so lange einpauken, bis alles perfekt sitzt.
Leider bewirken diese gut gemeinten Lernkontrollen meistens keine dauerhafte Steigerung des schulischen Erfolgs. Im Gegenteil:

- Im besten Fall werden die Kinder von Tag zu Tag unselbstständiger, passen auch in der Schule immer weniger auf, weil Sie sich völlig auf die Hilfe Ihrer Eltern verlassen.
- Statt mehr Freude am Lernen entwickeln viele Schüler noch mehr Frust auf die Schule und noch dazu Wut auf ihre Eltern, weil alle immer nur auf Pflichterledigung und Leistung Wert legen.
- Einige reagieren auch mit Lügen (»Wir haben heute fast gar nichts auf!«) oder strikter Verweigerung (»Ich hab' keinen Bock mehr!«).

Selbstverantwortung

Geben Sie Ihrem Kind das Gefühl, dass Schule und Lernen seine eigene Sache sind, genauso wie das Legobauen, Barbiespielen, Comiclesen, Computerspielen oder mit Freunden ins Kino gehen. Es bekommt dabei eine positive Einstellung zu den täglichen schulischen Herausforderungen, Lernen wird als eigene, spannende »Aufgabe« erlebt, genauso wie das Organisieren beim Fußballspielen oder das Einrichten des Puppenhauses.
Das heißt nicht, dass Sie die Hausaufgaben gar nicht kontrollieren sollten, doch Sie sollten es nicht jeden Tag tun und nicht alles kontrollieren. Gehen Sie schrittweise dazu über, nur noch nachzufragen, ob alles erledigt ist, und bei Problemen Ihre Hilfe anzubieten.

Gewöhnen Sie Ihr Kind daran, dass es seine Hausaufgaben und die Unterrichtsnachbereitung und -vorbereitung in eigener Regie übernimmt und nur noch bei Problemen Ihre Hilfe in Anspruch nimmt.

Merkhilfen

Ebenso wie ein Kind Kleidung, Spielzeug und Taschengeld braucht, benötigt es neben einem angenehmen Arbeitsplatz und ganz viel Vertrauen auch einige Hilfsmittel, die selbstständiges Lernen erleichtern:
Ein großes Hausaufgabenheft, das evtl. auch als Kalender, Telefonliste, Notizheft, Tagebuch usw. fungiert.

- Erklären Sie Ihrem Kind, warum Erwachsene solche Merkhilfen benutzen und wie es sie für die Schule und seine Hausaufgaben gebrauchen kann.
- Helfen Sie ihm beim Eintragen der persönlichen Daten und der Telefonnummern von Freunden, und begleiten Sie es etwa zwei Wochen lang beim Aufschreiben und Abhaken der Schularbeiten.
- Dann sehen Sie nur noch jeden zweiten Tag nach, nach vier Wochen nur noch zweimal die Woche – und schließlich gar nicht mehr.

Gewöhnen Sie Ihr Kind so daran, dass es für die Vollständigkeit seiner Hausaufgaben selbst verantwortlich ist. Fragen Sie ab jetzt jeden Tag lediglich freundlich nach, ob es alles gut geschafft hat. Wenn Ihnen daraufhin Ihr Kind seine Hausaufgaben von selber zeigt, anerkennen Sie sein Werk! Bemerken Sie dabei Unvollständigkeit, Fehler oder Schlamperei, bitte weisen Sie es nur kurz darauf hin. Überlassen sie es Ihrem Kind, ob es das korrigieren möchte. Wenn Sie kein Heft zu Gesicht bekommen oder keine Antwort erhalten, fragen Sie nicht weiter nach.

Ihr Kind merkt schnell, dass Sie tatsächlich glauben, dass es alle Schulbelange selber ordentlich erledigt – und so bestärken Sie es am deutlichsten in seinem Selbstwertgefühl. Ihr Kind spürt, dass Sie ihm einfach vertrauen, und das ist die wichtigste Basis für ein erfolgreiches Schulleben.

Wichtiger als alles immer im Kopf zu haben ist, zu wissen, wo Fakten und Informationen nachgeschlagen werden können. Dieses selbstständige Arbeiten sollte ein Kind früh lernen.

So lösen Kinder ihre Probleme selbst

Bei den täglichen Hausaufgaben geht es nicht nur um Vollständigkeit, sondern vor allem um die richtige Lösung der gestellten Lernprobleme und damit das Verstehen und Anwenden des Neugelernten. Nicht immer hat Ihr Kind den Schulstoff am Vormittag so gut verstanden, dass es nachmittags die dazugehörigen Aufgaben erledigen kann.

Klagt es: »Ich weiß nicht, wie das geht!«, springen wir Eltern gerne mit einer schnellen Erklärung oder der richtigen Lösung ein. Dadurch helfen wir unserem Kind aber nur kurzfristig. Es muss die Fähigkeit entwickeln, selbst auf die richtige Antwort zu kommen. Es braucht dabei natürlich die Unterstützung der Eltern, und zwar vor allem in Form von Hilfe zur Selbsthilfe!

Jedes Kind benötigt dazu neben seinem Schulmaterial auch andere Hilfsmittel, mit denen es selbst Antworten auf ungelöste Fragen finden oder seine eigene Lösung überprüfen kann.

Altersgemäße Nachschlagewerke und Lernhilfen, wie Alphabet, Zahlen- und Einmaleins-Tabellen, Rechtschreib-Duden, Taschenrechner, Kinderlexikon, Kinderatlas usw.

- Zeigen Sie Ihrem Kind, wie es mit diesen Lernhilfen umgehen kann.

- Kommt es mit Aufgaben nicht klar und fragt Sie deshalb, verweisen Sie beim Erklären immer auch auf seine Lernhilfen! (z. B. »Mama, wie schreibt man Dressur?« – »Ich glaube D-R-E-S-S-U-R. Aber schau lieber im Duden nach!«)
- Verwenden Sie auch beim Beantworten von schwierigen Fragen oder Erklärungen zum Schulstoff grundsätzlich immer die Schulbücher, Lexika und Hilfsmittel Ihres Kindes.
- Auch im Alltag gibt es täglich Situationen, in denen wir Eltern auf Fragen unserer Kinder nicht sofort eine einfache Antwort finden – oder selbst Hilfen brauchen, etwa bei Kreuzworträtseln oder Wissensspielen. Suchen Sie dann gemeinsam mit dem Kind in seinen Nachschlagewerken nach der Lösung.
- Finden Sie auf eine Frage keine befriedigende Antwort, zeigen Sie Ihrem Kind, wie man weiter forschen kann, z. B. Freunde fragen, in eine Bücherei gehen, im Internet nachsehen; man kann sogar bei einer Universität oder im Rathaus anrufen.

Geben Sie Ihrem Kind das beruhigende Gefühl, nicht lästig zu sein und dass Sie es bei den Hausaufgaben immer bereitwillig und mit Freude unterstützen, wenn es wirklich Ihre Hilfe benötigt.

Tipps und Tricks fürs Lernen

Auch das Lernen selbst muss erst einmal gelernt werden. Es gibt viele bewährte Strategien, den Lernstoff in den Griff zu bekommen. Die wichtigste Regel dabei ist, alle Materialien und Vorgehensweisen zu strukturieren und immer nach einem festen Muster vorzugehen. So werden Unsicherheiten vermieden, und der Überblick bleibt erhalten.

Ordnen und Übersicht schaffen

Idealerweise sollten alle Bücher, Hefte und Ordner eines Fachs mit derselben Farbe eingebunden oder gekennzeichnet sein, z. B. alle Rechenbücher, -hefte und die Mappen sind blau, Lesebuch, Wortschatz, Grammatik und Hefte für Deutsch gelb usw. Das erleichtert unseren Kindern die Orientierung, das Ordnen und das Vorbereiten auf den Schultag.

Auch im Gehirn schaffen einheitliche Farbkennungen für spezifische Lernbereiche mehr Übersicht – Ihr Kind kann sich schneller auf ein Lernthema einstellen; bei »Blau« wird z. B. automatisch alles Wissen rund um Zahlen, Rechnen und Mathe aktiviert, Neues schneller richtig eingeordnet und mit dem bisherigen Wissen verknüpft. Das »Umschalten« von einem Fach auf das andere funktioniert schneller: Nach den Rechenaufgaben ist der Deutschaufsatz dran – also »Blau« ablegen, »Gelb« aktivieren. Beim Aufschreiben der Hausarbeiten ins Merkheft helfen Kennfarben ebenfalls: die Matheaufgaben sind z. B. blau, die Deutschaufgaben gelb gekennzeichnet.

In manchen Grundschulen wird das farbgeleitete Ordnungssystem von den Lehrern vorgegeben, und manchmal bestellt der Lehrer sogar die entsprechenden Materialien, um Einheitlichkeit zu gewährleisten.

Die farbliche Orientierung bietet also zwei Vorteile: Erstens wird bei diesem System kaum eine Hausaufgabe vergessen oder verwechselt. Zweitens stellt sich schon bald das Gehirn »automatisch« bereits beim Anschauen eines Heftumschlags, beim Aufschreiben der Aufgaben der Aufgaben und beim Zu-Hause-wieder-Lesen auf das jeweilige Sachgebiet ein und »legt dafür alles Notwendige zurecht«.

Eine Landkarte farblich zu gestalten, macht Spaß. Gleichzeitig kann dadurch der Lernprozess unterstützt werden.

Lernstoff übersichtlich gestalten

Geordnetes Lernmaterial wird viel besser gelernt und im Gedächtnis behalten als ungeordnetes. Deshalb ist es wichtig, dass Sie Ihrem Kind beibringen, wie es aus einem Informationswust das Wichtigste herausholen kann. Wichtige Punkte werden optisch anders gestaltet als weniger wichtige! In vielen Schulen verwenden die Lehrer deshalb für die ganze Klasse solche farblichen Erkennungszeichen. Ihr Kind sollte dann die gleichen Markierungen bei seinen Hausaufgaben oder Lernnotizen verwenden. Zum Beispiel werden alle Merksätze oder Regeln rot unterstrichen, Ausnahmen mit einem orangen Ausrufezeichen versehen und Übungssätze oder Lernwörter grün markiert.

Älteren Kindern ist die Heftführung meist selbst überlassen. Leiten Sie sie dazu an, eine eigene Ordnung zu bestimmen und einzuhalten. Auch in den Schulbüchern sollten Kinder Wichtiges farblich markieren oder sogar eigene Anmerkungen dazuschreiben können. Leider ist das in den geliehenen Schulbüchern nicht möglich, denn die Kinder sollen sie in unverändertem Zustand am Ende des Schuljahres wieder zurückgeben. Deshalb tun Sie Ihrem Kind einen großen Gefallen, wenn Sie ihm die wichtigsten Bücher jedes Jahr kaufen. Dann ist es nicht mit den Memos und Kritzeleien seines Vorgängers konfrontiert, und es kann selbst ohne schlechtes Gewissen sein Buch so gestalten, wie es möchte.

Eine gute Ergänzung für besonders fleißige Kids ist, wenn sie freiwillig den jeweiligen Lernstoff in Stichworten – nicht alles, was im Buch steht! – in ein besonderes Heft übertragen und nach ihrem Gutdünken ordnen und gestalten.

Das Markieren der Hefteintragungen mit verschiedenen Farben strukturiert den Stoff so, dass Ihr Kind sich schnell einen Überblick verschaffen kann, ohne von der Masse der Informationen überfordert zu sein.

Erst das Schriftliche, dann das Mündliche

Damit ist gemeint: Erst das bereits Gelernte schriftlich üben, dann Neues aufnehmen oder Theorie büffeln. Das Wiederholen und Beherrschen der Grundlagen, die im Unterricht vermittelt wurden, ist meist Voraussetzung für die bessere Erledigung der Hausaufgaben. Alle Schulkinder haben »Schreib-« und »Lernaufgaben«. Die schriftlichen Aufgaben liegen unseren Kindern schon deshalb schwerer im Magen, weil sie konkret nachprüfbar und meistens auch zeitaufwendiger sind.

Ihr Kind sollte seine Hausaufgaben immer mit den schwierigsten und längsten Schreibarbeiten beginnen! So hat es nach kurzer Zeit schon das Schwierigste hinter sich, fühlt Erleichterung und sogar einen gewissen Stolz. Der Kopf ist nach dem eher langweiligen Üben frei für das eigentliche Lernen. Selbst wenn z. B. neue Englischvokabeln für den schriftlich zu übersetzenden Text zu lernen sind, sollte Ihr Kind vorher nur kurz die neuen Wörter überfliegen und dann einfach mit der Übersetzung anfangen. Im Zusammenhang erinnert es sich dann meist an das neue Wort, und wenn nicht, kann es schnell nachschlagen. Hat es den Text fertig, kann es die neuen Wörter nochmal ansehen, ins Vokabelheft übertragen und lernen.

Am besten prägt sich der Lernstoff ein, wenn er geübt und angewandt werden kann, sei es beim Übersetzen des Lieblingsliedes oder beim Berechnen des jährlichen Taschengeldes.

Durch die direkte Anwendung in einem textlichen Zusammenhang oder in einer logischen Frage bleibt Neues 500mal besser im Gedächtnis, als wenn es nur »theoretisch«, also ohne gleichzeitige praktische Einbindung gelernt wird.

Dazu kommt: Um erfolgreich Therorie lernen zu können, muss Ihr Kind entspannt sein! Hat es den Großteil seiner Hausaufgaben schon erledigt, kann es locker noch zwei Kommaregeln, die Daten für Geschichte oder das neue Lesestück aufnehmen.

So klappt das Auswendiglernen

Mathe-oder Chemieformeln, Fakten aus Erdkunde oder Biologie, Grammatikregeln – oft genug müssen Kinder etwas auswendig lernen, ohne es direkt anwenden zu können. Leichter geht das, wenn der Lernstoff noch einmal aufgeschrieben wird und dazu Erklärungen, Zusammenhänge und Anmerkungen in eigenen Worten formuliert werden. Außerdem sollte Ihr Kind die Wörter, Regeln oder Sätze laut aussprechen. Optische Merkhilfen wie Buntstifte, mit denen wichtige Passagen oder Wörter unterstrichen werden, fördern die Konzentration aufs Wesentliche und das Erinnerungsvermögen.

Wiederholen ist wichtig

Grundsätzlich sollte das Gelernte zweimal wiederholt werden; damit es sicher im Langzeitgedächtnis verankert ist, sollte das frühestens nach 15 Minuten, und dann spätestens noch einmal innerhalb der kommenden zwei Wochen geschehen.
Besonders gut lernt es sich vor Tests, wenn abends kurz vor dem Einschlafen die wichtigen, markierten Stellen im Buch, bzw. Heft oder die eigenen Notizen nochmal durchgelesen werden. Ganz entspannt, völlig absichtslos oder sogar im Halbschlaf gleiten Fakten nämlich ganz mühelos besonders tief ins Gehirn.

Die Gedächtnisleistung ist umso besser, je mehr der Stoff mit verschiedenen Situationen, Gefühlen und möglichst mehrfachen Wiederholungen verankert wird.

Lernen leichter machen

- Bücher und Hefte eines Fachs sollten die gleiche Farbkennung haben.
- Hefteintragungen immer identisch gliedern und Wichtiges optisch besonders hervorheben.
- Eigene Schulbücher anschaffen, denn individuelle Markierungen erleichtern die Übersicht.
- Die schriftlichen Aufgaben immer zuerst erledigen.
- Neuen Lernstoff vorher nur kurz durchlesen und beim Aufgabenmachen nachschlagen.
- Wichtige Fakten sollte Ihr Kind immer selbst noch einmal in eigenen Worten aufschreiben. Auch für Vokabeln, Regeln oder Formeln ein jeweils eigenes Heft anlegen und den aktuellen Stoff übersichtlich eintragen.
- Auswendig zu lernende Wörter, Gedichte, Regeln oder Fakten auch laut sprechen oder sogar singen.
- Aktuellen wichtigen Lernstoff in Abständen (15 Minuten bis 2 Wochen) zweimal kurz wiederholen
- Vor dem Einschlafen noch einmal das Wichtigste ganz entspannt durchlesen.

Braucht mein Kind wirklich (Nach-)Hilfe?

Für eine tägliche umfangreiche Hausaufgabenbetreuung Ihres Kindes werden Sie wohl weder die Zeit haben, noch ist es sinnvoll, dass Ihr Kind seine Aufgaben immer mit elterlicher Hilfe erledigt.

Natürlich braucht Ihr Kind Ihre Hilfe fast täglich. Es wird häufig eine kurze Frage zu seinen Hausaufgaben haben, noch einmal um eine Erklärung bitten oder einfach wissen wollen, ob es alles richtig gemacht hat. Vielleicht präsentiert es Ihnen auch nur stolz seine Leistungen. In einigen Fällen braucht ein Schüler aber mehr als diese tagtäglichen kleinen Hilfestellungen.

Lernen mit den Eltern

Ein Kind braucht beim Lernen zu Hause kurzzeitig Unterstützung, wenn es in der Schule nicht aufpassen konnte, etwas gar nicht verstanden hat, Lernlücken hat (z. B. durch Krankheit oder Schulwechsel) oder selbst um Übungen, Korrekturen oder Abfragen bittet, etwa weil es am nächsten Tag einen Test hat.

Vorausgesetzt, Ihr Kind bittet Sie selbst um Hilfe, sollten Sie sich Zeit nehmen und gemeinsam mit Ihrem Kind üben, etwas noch einmal erklären und es abfragen.

Damit das Zusammenlernen gut klappt, Ihrem Kind Erfolg bringt und Ihnen beiden Spaß macht, sollten Sie folgende Regeln beachten:

- Setzten Sie sich niemals die ganze Zeit dazu, lassen Sie Ihr Kind immer auch selbstständig und allein arbeiten.
- Helfen Sie gezielt nur bei den akuten, spezifischen Lernproblemen und nicht beim gesamten Schulstoff
- Bitte prüfen Sie sich selbst dabei kritisch: Bin ich wirklich geduldig und einfühlsam genug, um meinem Kind beim Lernen zu helfen? Oft sind wir Eltern viel zu ungeduldig, denn uns fehlt die Erfahrung, dass alle Kinder viele Wochen brauchen, um z. B. einen einfachen Text richtig lesen oder drei plus acht ohne Zuhilfenahme der Finger zusammenzählen zu können.
- Spielen Sie nie länger als maximal vier Wochen den Nachhilfelehrer, denn sonst gibt es leicht Probleme in der Eltern-Kind-Beziehung.

So helfen Sie Ihrem Kind beim Verstehen

Informieren Sie sich genau über das Lernproblem Ihres Kindes. Lassen Sie sich zuerst ausführlich von Ihrem Kind erklären, was es in der Schule dazu bisher gelernt hat, wie etwas erklärt wurde und welche Abschnitte in Büchern und Heften dazugehören. Sehen Sie sich das alles erst in Ruhe an, um anschließend in »der gleichen Sprache« und mit ähnlichen Beispielen wie der Lehrer erklären und helfen zu können. Verwenden Sie auch für neue Beispiele und Übungen immer die Schulbücher und Hilfsmittel Ihres Kindes. Ganz wichtig dabei: Beschimpfen Sie Ihr Kind niemals, werden Sie nicht nervös oder ungeduldig, wenn es etwas nicht versteht, schlampig arbeitet oder immer wieder falsch macht. Bei Schwierigkeiten legen Sie eine Pause ein und suchen nach einer neuen Art zu Erklären oder des Einübens. Wenn Ihr Kind das Problem gemeistert hat, lassen Sie es wieder allein weiterlernen.

Wenn Ihr Kind manchmal an der einen oder anderen Stelle der Hausaufgaben »hängenbleibt« und zur Klärung Ihre Mithilfe benötigt, ist das noch kein Zeichen, dass es andauernde organisierte Hausaufgabenhilfe benötigt.

Nachhilfe oder Hausaufgabenbetreuung?

Wenn Sie und Ihr Kind glauben, dass es wirklich längere oder intensivere Unterstützung beim Lernen braucht, sollten Sie gemeinsam einen Nachhilfelehrer suchen. Gymnasiasten oder Studenten bieten diesen Dienst oft für ein Taschengeld an. In vielen Städten gibt es auch Hausaufgabenbetreuungen, bei denen auch Lehrer Ihrem Kind zur Verfügung stehen. Erkundigen Sie sich in Ihrer Schule, beim Schulamt oder evtl. bei Ihrem zuständigen Kulturreferat nach Adressen.

Prüfen Sie aber zuerst, ob Ihr Sohn oder Ihre Tochter tatsächlich Nachhilfe braucht oder nur einen normalen »Durchhänger« hat, den es bald wieder aufholen wird.

Ältere Kinder (ab ca. 14 Jahren) sollten sich selber um eine geeignete Nachhilfe kümmern, bieten Sie lediglich Hilfe bei der Suche an.

Ein Schüler braucht erst dann langfristige Hilfe bei den Hausaufgaben durch kompetente Nachhilfe bzw. Aufgabenbetreuung, wenn:

- große Wissenslücken vorhanden sind (z. B. nach langer Krankheit)
- er selbst eine »faule Phase« so wieder ausgleichen will.
- er bisher zu irgendeinem Fach noch nicht den richtigen Zugang gefunden hat.
- ihn besonderer Ehrgeiz für ein Fach oder eine Prüfung zu Höchstleistung motiviert.
- Schwierigkeiten mit der deutschen Sprache ein Verstehen des Schulstoffs erschweren.

Nachhilfeunterricht sollte immer ein zeitlich begrenztes Mittel zur Leistungssteigerung oder zum Nachholen von verpasstem Unterrichtsstoff sein.

Dauer der Nachhilfe

Nachhilfeunterricht oder Betreuung sollte normalerweise nie länger als maximal ein Schuljahr dauern. Wenn nach dieser Zeit die Leistung Ihres Kindes nicht so verbessert wurde, dass es nun selbstständig arbeiten kann, müssen Sie eine andere Lösung suchen, z. B. die Schule wechseln.

Achtung: Egal, wie schlecht ein Kind in der Schule ist, wenn es keine Hilfe will, nützt auch die allerbeste Nachhilfe absolut nichts. In diesem Fall müssen Sie die genaue Ursache der schlechten Noten klären (siehe Seiten 57ff) – oder einfach abwarten. Denn fast alle Kinder haben im Laufe ihres Schullebens starke Leistungsschwankungen, die sich normalerweise von selbst wieder ausgleichen.

So ist Nachhilfe erfolgreich

- Ihr Kind möchte selbst mehr lernen.
- Es hilft beim Aussuchen einer geeigneten Nachhilfe.
- Der Nachhilfelehrer oder die Betreuung ist Ihrem Kind sympathisch.
- Ihr Kind ist selbst davon überzeugt: »So schaffe ich es bestimmt.«
- Ihr Kind geht gerne zum Nachhilfeunterricht.
- Es erzählt strahlend von Fortschritten.
- Es zeigt wieder mehr Interesse am Lernen und an der Schule.
- Die schulische Leistung verbessert sich langsam aber deutlich spätestens nach sechs Monaten.

Lehren, was man lernen will

Schlechte Leistungen zu haben oder Nachhilfe zu brauchen nagt am Stolz und Selbstbewusstsein eines Kindes. Es fehlt ihm nun die Erfahrung, etwas richtig gut zu meistern, und es hat oft das Gefühl, doppelt so viel lernen zu müssen, um mitzukommen.
Wenn Ihr Kind Lust hat, auch selbst Nachhilfelehrer zu sein, nutzen Sie diese Chance! Suchen Sie nach einer Gelegenheit, wo es möglichst in dem Fach, in dem es selbst Schwierigkeiten hat, einem anderen Schüler helfen kann. Keine Sorge: Auch wenn ein Schüler der 4. Klasse in Deutsch gerade auf einer Fünf steht, kann er problemlos einem Erst- oder Zweitklässler helfen, lesen zu lernen. Und er schafft es sogar, einem Klassenkameraden die Kommaregeln zu erklären, die er selbst noch vor zwei Wochen nicht kannte, denn der Rollenwechsel vom »unwissenden Schüler« zum »allwissenden Lehrer« baut ungeahnte Motivation und Leistungswillen auf.

Es macht Spaß, als »Nachhilfelehrer« endlich mal der Klügere zu sein, und Ihr Kind erlebt hautnah, dass auch andere Schüler Schwierigkeiten beim Begreifen haben.

Die beste Medizin gegen Schulfrust

Es gibt kein besseres Mittel gegen Schulfrust und für erfolgreiches Lernen als das Gelernte anwenden und mit seinen Leistungen brillieren zu können. Helfen, etwas weitervermitteln und einem anderen Kind begreiflich machen zu können, macht sehr viel Freude und stärkt das Selbstbewusstsein. Dabei lernt das Kind, wie es bei Misserfolgen und Schwächen seine Nachhilfeschüler wieder motivieren kann – und auch, wie es selber mit seinen eigenen Leistungsschwankungen besser umgeht.
Um jemandem etwas erklären zu können, muss man sich selbst sehr gut auskennen, und Ihr Sohn oder Ihre Tochter bereitet sich deshalb freiwillig und selbstständig gut vor. Jeder Schüler stellt Fragen, auf die ein Lehrer erst einmal keine Antwort weiß, bei denen er nachdenken oder nachschlagen muss. So lernt auch Ihr Kind in der Lehrerposition ständig dazu, und außerdem entwickelt es mehr Verständnis für die oft schwierige Rolle seiner eigenen Lehrer.

Nicht alle Kinder gehen am Zeugnistag fröhlich nach Hause. In vielen Familien kommt es zu Tränen und Streit.

Erste Hilfe bei schlechten Noten

Alles dreht sich in der Schulzeit um die Noten. Schlechte Zensuren schweben wie ein Damoklesschwert über den Schülern, und auch die Eltern bleiben alles andere als unberührt von der Frage, wie die schulischen Leistungen ihres Sprösslings bewertet werden. Bei der emotionalen Aufgeladenheit dieses Themas ist es wichtig, sich folgende Punkte zu vergegenwärtigen:

Kein Kind ist in allen Fächern gleich gut.
Kein Kind kommt mit allen Lehrern gleich gut aus.
Kein Kind ist seine ganze Schulzeit lang gleichbleibend motiviert.
Kein Kind hat ständig gute Noten.
Kein Kind braucht immer gute Noten.
Kein Kind ist dumm, nur weil es z. B. in Mathe eine Sechs hat.
Kein Kind hat sein ganzes Leben verbaut, weil es irgendeine Schule oder Prüfung nicht geschafft hat.

Die Aussagekraft von Zensuren

Alle Eltern wollen, dass ihre Kinder gute Noten mit nach Hause bringen, und diese Erwartungshaltung prägt auch die Kinder.

Noten sagen wenig über die Intelligenz und die Begabungen eines Kindes aus. Sie spiegeln lediglich wider, wie erfolgreich ein Kind den Wissensstoff, den die Schule vermittelt, verstehen und anwenden kann. Unser Schulsystem versucht, allen Schülern ein breites Basiswissen zu vermitteln, um dadurch gleiche Chancen im Leben zu garantieren. Dabei müssen starre Bewertungskriterien (Noten) verwendet werden, anhand derer Lehrer und Schüler erkennen können, ob der Unterrichtsstoff wirklich verstanden wurde.Die Benotung in der Schule gibt also nur darüber Auskunft, wie gut Ihr Kind Informationen aufnehmen und reproduzieren kann, sagt aber nichts über Intelligenz oder gar über späteren beruflichen Erfolg aus.

Der Lehrplan ist gleich – Kinder sind verschieden

Alle Kinder haben spezifische Begabungen, Vorlieben und Abneigungen. Die einen sind sehr ausdrucksgewandt, lieben Sprachen und Musik – dafür scheinen sie mit Zahlen auf Kriegsfuß zu stehen. Andere Kinder mögen die reine Logik, sind wahre Rechenkünstler – ein Aufsatz oder Lesestück bringt sie aber zum Verzweifeln. Motorisch geschickte Kinder verwundern ihre Umwelt durch komplizierte Basteleien oder geschickte Hilfe bei Reparaturen, sozial engagierte spielen bereits mit acht Jahren für ihre kleineren Geschwister Mama oder Papa oder kümmern sich rührend um verwaiste Vogelbabies – aber in der Schule, dort, wo es vor allem um Theorie geht, rangieren sie oft unterhalb des Klassendurchschnitts.

Vermeiden Sie es, Erfolg in der Schule mit Erfolg im Leben gleichzusetzen. Machen Sie Ihrem Kind klar, dass schulischer Erfolg eine gute Voraussetzung ist, nicht mehr und nicht weniger.

Den Respekt vor Individualität fördern

Erklären Sie Ihrem Kind immer wieder, dass schulische Leistung und persönliche Intelligenz oder Begabungen niemals gleich sein können. Besonders gut eignen sich dafür Momente, in denen Ihr Kind Ihnen von einem »faulen« oder »doofen« Mitschüler erzählt. Lassen Sie solche Äußerungen Ihres Kindes nie unkommentiert stehen. Benutzen Sie den Anlass, um auf die Verschiedenheit von Menschen einzugehen und Ihrem Kind zu erklären, dass andere nicht wegen schlechter schulischer Leistungen abqualifiziert werden dürfen. Wecken Sie das Verständnis Ihres Kindes für verschiedene Charaktere – und zeigen Sie ihm, dass in jedem Kind Begabungen stecken. Vielleicht kann der »dümmste« Mitschüler viel besser Fahrrad fahren, oder die »faule« Banknachbarin kann hervorragend mit dem Computer umgehen.
Versuchen Sie auch, die Sensibilität Ihres Sohns oder Ihrer Tochter für akute menschliche Probleme zu stärken. Spekulieren Sie über die menschlichen Gründe von Leistungsschwächeren: »Vielleicht hat der Klaus jetzt Schwierigkeiten in der Schule, weil seine Mama nun wieder geheiratet hat und er jetzt einen neuen Papa und eine neue

kleine Schwester daheim hat?« Oder: »Fatma kommt nicht aus Deutschland, deshalb muss sie erst einmal unsere Sprache lernen. Hast du schon einmal versucht, Türkisch zu reden? Probiers doch mal! Dann kannst du dir vorstellen, wie schwer es manchmal für sie ist, im Unterricht richtig zu antworten.« Solche Beispiele zeigen Ihrem Kind, dass schlechte Schüler nicht »doof« sein müssen, sondern dass viele andere Faktoren Leistungen beeinflussen.

Freuen Sie sich darüber, wenn Ihr Kind ausgeprägte Interessen hat und in der Freizeit seinen Hobbys und Neigungen nachgeht, sei es Fußball oder Briefmarkensammeln.

Einzigartigkeit wird honoriert

In der Schule sollten alle Kinder in allen Fächern möglichst gut sein. Gute Leistungen in der Schule sind wichtig, aber im »wirklichen Leben« sind schulische Ergebnisse nicht automatisch eine Garantie für Erfolg. Besonders erfolgreich werden nämlich nicht zwingend die Klassenbesten, sondern meist die Menschen, die felsenfest an ihre Begabung glauben und etwas Einzigartiges schaffen können. Machen Sie sich das immer wieder klar, und fördern Sie Ihr Kind in diesem Bereich:

Besser, stärker, größer – Kraftproben gehören zum kindlichen Alltag. Doch niemand kann immer siegen. Wichtig ist daher, Niederlagen und Enttäuschungen zu verkraften.

- Achten Sie auf die Individualität Ihres Kindes.
- Loben, bestärken und bewundern Sie es für seine persönliche Einzigartigkeit.
- Messen Sie seine Persönlichkeit nie an den Leistungen in der Schule. Sagen Sie nie: »Du bist dumm, schlampig, faul …«, sondern bleiben Sie sachlich: »Das war falsch, hier steckt ein Leichtsinnsfehler, ich kann deine Schrift nicht lesen» usw.
- Erzählen Sie Beispiele von berühmten Persönlichkeiten (z. B. Albert Einstein) oder aus der eigenen Familie, in denen ein Mensch trotz schlechter Noten ein großes Lebenswerk vollbrachte.

Schulfrust und Lust an der Schule hängen von den Zensuren ab. Denn die Lust wird gesteigert durch gute Noten, und Frust stellt sich leicht ein, wenn es einmal nicht so klappt wie gewünscht.

Alle Kinder wollen gute Noten

Kinder empfinden Schule normalerweise als interessant, als unterhaltsam und als kreativen Wettbewerb in der Klassengemeinschaft. Deshalb wollen sie am liebsten überall, aber mindestens in ihren Lieblingsfächern mit guten Leistungen glänzen! Dieser Wille, besser als andere zu sein, ist eine Triebfeder für gute Leistungen. Doch Ihr Kind muss auch akzeptieren können, dass andere besser sind, ohne die Motivation zu verlieren. So wie bei Spielen, im Sport und im Leben kann Ihr Kind auch in der Schule nicht immer zu den Siegern, zu den Ersten gehören. Helfen Sie ihm deshalb frühzeitig, mit Niederlagen gut fertig zu werden. Denn eine schlechte Zensur kann im Extremfall entweder jeden weiteren Lernwillen blockieren (»Ich spiele nicht mehr mit!«) – oder zu verbissenem Training anspornen (»Das nächste Mal muss ich einfach gewinnen!«). Beide Reaktionen sind gefährlich, denn Freude am Lernen, an der Herausforderung und am »Leistungswettkampf« gehen so verloren.

Auf schlechte Noten richtig reagieren

Egal, mit welchen Schwierigkeiten sich Ihr Kind beim Lernen momentan quält, es ist besonders wichtig, dass Sie gerade bei schlechten Leistungen felsenfest an Ihren Sohn oder Ihre Tochter glauben!

Statt Strafen und Drohungen braucht Ihr Kind bei schlechten Zensuren eher eine kleine Aufmerksamkeit. Trost, Lob für seine Anstrengung, Bestärkung seiner Persönlichkeit und viel Liebe muntern es auf und geben ihm Motivation, sich wieder anzustrengen.

Das Selbstbewusstsein Ihres Kindes ist durch den schulischen Misserfolg nämlich bereits genug beeinträchtigt – und Mutlosigkeit oder Wut schaffen nur weitere (Schul-)Probleme, so dass ein regelrechter Teufelskreis entstehen kann.

Vermeiden Sie also unbedingt folgende Reaktionen auf schlechte schulische Leistungen Ihres Kindes:

- Fernsehentzug, Taschengeldkürzungen, Hausarrest, verbale oder körperliche Schläge. Das macht Ihr Kind nicht klüger und schafft nur Angst und Wut; Ihr Kind bekommt so keine Motivation, sich trotz des Versagens wieder neu anzustrengen.
- Druck oder Kontrolle bei den Hausaufgaben verstärken und Zwang zum Lernen, z. B.: »Ab sofort machst du gleich nach dem Essen Deine Aufgaben« oder »Jetzt setzt du dich jeden Tag eine Stunde mehr hin, und ich frage dich dann ab.« Mit dieser Strategie verleiden Sie Ihrem Kind den letzten Rest Spaß am Lernen.
- Die schlechte Leistung dramatisieren oder Ihrem Kind vor einer negativen Zukunft Angst machen, z. B.: »Wenn du die Klasse nicht schaffst, musst du die ganzen Ferien lernen / musst du runter von der Schule / musst du auf eine Sonderschule / dann wirst du eben nur Hilfsarbeiter ...«

Von schlechten Noten geht die Welt nicht unter

- Geben Sie schlechten Zensuren nicht zu viel Gewicht, sondern sehen Sie sie als Ausrutscher, und motivieren Sie Ihr Kind.
- Schenken Sie Ihrem Kind Trost, Aufmerksamkeit und Liebe.
- Muntern Sie es auf, weisen Sie auf Gebiete hin, in denen es gerade besonders gut ist.
- Verhängen Sie keine Strafen, schimpfen und drohen Sie nicht.
- Die Hausaufgabenzeit sollte unverändert bleiben.
- Üben Sie keinen Lerndruck und keine stärkeren Lernkontrollen aus.
- Erzählen Sie von eigenen »Patzern« in der Schule.
- Geben Sie Ihrem Kind das Gefühl, dass es etwas ganz Besonderes, sehr Wertvolles ist und sicher ein erfolgreiches, glückliches Leben führen wird.

Die Ursachen erkennen

Bevor Sie sich zusammen mit Ihrem Kind auf die Suche nach der Ursache für eine schlechte Zensur machen, muss Ihr Kind die schlechte Note »verdaut« haben, also wieder ausgeglichen und positiv gestimmt sein. Das dauert mindestens einen Tag, manchmal auch eine Woche. Erst dann hat es genügend Abstand, um gemeinsam mit Ihnen nach dem Grund für die schulischen Fehlleistungen forschen zu wollen. Und erst wenn Ihr Kind bei dieser Analyse mitmachen will, ist die Chance groß, die wirkliche Ursache zu finden.

Eine schlechte Note kann viele Ursachen haben, und es lohnt sich, mit klarem Blick zu analysieren, ob es ein »Ausrutscher« oder die Konsequenz schlechter Vorbereitung war.

Ist die schlechte Zensur wirklich so schlimm?

Bevor Sie mit Ihrem Kind reden, überlegen Sie zuerst für sich:

- Wurde die Note lediglich für einen Hefteintrag, eine kleine Zwischenprüfung oder einen unangekündigten Test vergeben?
- War es in diesem Schulhalbjahr ein einmaliger Ausrutscher, also die erste 5 oder 6 in diesem Fach in einer Probe oder Schulaufgabe?
- Lege ich vielleicht den Maßstab zu hoch an? (eine Vier in Mathe oder Deutsch ist im Jahreszeugnis der zweiten Klasse tatsächlich etwas bedenklich – in der achten Klasse aber durchaus ausreichend!)
- Ist die schlechte Bewertung wirklich für sein Verstehen und Mitkommen oder die Versetzung gefährlich, oder kann mein Kind noch einigermaßen gut mithalten?
- Hat mein Kind in mehreren Fächern Probleme, oder sind seine Leistungen eigentlich insgesamt gut bis ausreichend?

Wenn Sie erkennen, dass die schlechte Note eigentlich wenig problematisch ist, sprechen Sie bitte Ihr Kind nicht weiter darauf an. Normalerweise hat es selbst genügend Motivation und Leistungswillen, um es beim nächsten Mal besser zu machen.
Eine klare Ausnahme von dieser Regel ist, wenn Sie spüren, dass Ihr Kind leidet, Angst hat, plötzlich keine Lust mehr zu lernen zeigt, nun viel zu viel, also stundenlang verbissen »büffelt« oder sich sein

Die meisten Schüler haben Stärken und Schwächen, Fächer, in denen sie immer besser waren und andere, in denen ihre Leistungen immer nur durchschnittlich oder unter dem Durchschnitt waren. Überraschende Verschlechterungen sollten Sie aufmerksam werden lassen.

allgemeines Verhalten seit der schlechten Note auffallend geändert hat – dann sollten Sie sich unbedingt mit Ihrem Sohn oder Ihrer Tochter zusammensetzen und der Sache auf den Grund gehen. Gehen Sie dabei behutsam vor, und berücksichtigen Sie, dass dieser schulische Misserfolg Ihr Kind offensichtlich stark beeinflusst hat. Nehmen Sie seine Ängste ernst, und überlegen Sie sich gemeinsam Strategien, wie es in dem betreffenden Fach besser werden kann.

»Gefährliche« schlechte Noten

Wenn Ihr Kind seit mehreren Monaten mangelhafte Leistungen in einem Fach oder in mehreren Fächern erreicht, braucht es dringend Ihre Hilfe, denn dadurch ist nicht nur sein schulischer Erfolg gefährdet, sondern auch sein Selbstbewusstsein ist ziemlich angeknackst.
Alle Kinder, auch die älteren, beziehen einen Großteil ihres Selbstwertgefühls aus der schulischen Bewertungsskala. Lassen Sie sich nicht durch eine »vorgetäuschte Fassade« Ihres Kindes täuschen: Viele unsichere und tief verzweifelte Kinder spielen plötzlich den »starken Mann«, die »besserwisserische Göre«, den Clown oder Rowdy und sogar das brave, angepasste Musterkind. Werden Sie hellwach, wenn sich im Verhalten Ihres Kindes Auffälligkeiten zeigen, die mit schlechten Zensuren im Zusammenhang stehen könnten.
Andauernde schlechte Leistungen belasten Ihr Kind extrem! Deshalb sind natürlich hier Strafen oder Strenge noch weniger angebracht als bei den vorübergehenden schulischen »Durchhängern«.

Verständnis und Hilfe

Geben Sie Ihrem Kind gerade jetzt besonders viel Liebe und Verständnis, und vertrauen Sie ihm. Erklären Sie an vielen Beispielen, dass jeder Mensch eine schlechte Phase haben kann oder Gebiete hat, die er nicht so gut bewältigt wie andere. Bleiben Sie immer optimistisch und zuversichtlich – für jedes Problem gibt es eine Lösung!

Und nochmals: Zeigen Sie ihm, dass es trotz seiner momentan schlechten schulischen Leistungen ein ganz wundervoller und wertvoller Mensch ist. Erkundigen Sie sich, ob andere Schüler in der Klasse oder Jahrgangsstufe Ihres Kindes ähnlich große Probleme im gleichen Fach haben; vielleicht ist es ein stoffspezifisches Problem, oder die Erklärungstechniken des Lehrers sind für manche Schüler schwer verständlich. Auch wenn das eher selten vorkommt, kann das ein Grund sein, weshalb die Leistungen mancher Schüler auf bestimmten Gebieten unter dem Durchschnitt liegen.

Halten Sie sich bei Elternabenden und wenn möglich durch Informationen von Schulfreunden Ihres Kindes über die Ereignisse und Stimmungen in der Schulklasse auf dem Laufenden.

Schwierigkeiten im schulischen Bereich

Forschen Sie gemeinsam mit Ihrem Kind in entspannter Atmosphäre nach den Ursachen für die schulischen Probleme. Betrachen Sie zuerst, ob die Problemursachen im schulischen Umfeld, im Unterricht oder beim Lernstoff selbst liegen könnten. Gehen Sie dabei anhand der folgenden Fragen die verschiedenen Bereiche durch.

- Hat Ihr Kind schon seit längerer Zeit den Anschluss verloren?

Schlechte Noten können Kinder in tiefe Verzweiflung stürzen. Gleichzeitig sind auch die Eltern stark betroffen. Dies erschwert es ihnen, ruhig und verständnisvoll auf ihre Kinder einzugehen.

Anzeichen: seit Wochen, Monaten oder sogar über Schuljahre hinweg stetig fallende oder gleichbleibend schlechte Leistungen.
Abhilfe: Ihr Sohn bzw. Ihre Tochter sollte Nachhilfe nehmen oder selbst geben. Wenn die Leistungen in mehreren Fächern sehr schlecht sind, sollte Ihr Kind vielleicht die Klasse wiederholen; in Ausnahmefällen empfiehlt sich ein Wechsel des Schultyps.

- Versteht Ihr Kind die Ausdrucksweise des Lehrers nicht oder findet ihn/sie persönlich unsympatisch?
  Anzeichen: Erst mit dem neuen Lehrer sind die Schwierigkeiten aufgetaucht. Sprüche wie: »Der Huber/die Müller ist ungerecht, er/sie mag mich sowieso nicht.«
  Abhilfe: Mit dem Lehrer reden (erst allein, dann gemeinsam mit Ihrem Kind). Neue Erklärungswege suchen.
- Hat Ihr Kind wenig Begabung für ein bestimmtes Gebiet?

Verfallen Sie nicht in Panik, wenn Ihr Kind eine Phase mit schlechteren Noten als üblich hat, sondern erforschen Sie vorsichtig im schulischen und natürlich vor allem dem familiären Bereich, woran das liegen könnte.

Anzeichen: Seit Schulbeginn gab es mit einem Fach Schwierigkeiten, aber ansonsten sind die Leistungen relativ gut. Ihr Kind ist von Erfolgen oder Misserfolgen in dem »schwierigen« Fach relativ wenig beeindruckt – oder reagiert unangemessen positiv oder negativ. Schularbeiten und -sachen dieses Fachs werden oft vergessen, verloren oder auffallend unaufmerksam behandelt.
Abhilfe: Nachhilfe nehmen und geben lassen. Beispiele aus Gebieten, die Ihr Kind interessieren, zum Erklären verwenden. Verzweigungen zu Gebieten, die Ihr Kind liebt, aktivieren (Kinder mit wenig Begabung für Zahlen können sich z. B. mit Feuereifer auf die Berechnung des Benzinverbrauchs für das neue Familienauto stürzen).

Schwierigkeiten im persönlichen Bereich

Auch im persönlichen Bereich Ihres Kindes können die Ursachen für schlechte schulische Leistungen liegen. Mit zunehmendem Alter entwickeln Kinder mehr Interessen, und ihre sozialen Beziehungen werden immer komplexer. Cliquenzugehörigkeit oder verstärktes Training im Reit- oder Sportverein können so die Ursachen für ein stetiges Nachlassen der schulischen Leistungen sein.

- Ist Ihr Kind momentan von etwas anderem so stark eingenommen, dass es zu wenig Zeit zum Lernen hat?
- Anzeichen: Die schulische Leistung sackt im Laufe mehrerer Monate nach und nach ein. Die Schulsachen werden desinteressiert behandelt. Ihr Kind nimmt schlechte Noten selbst nicht allzu schwer, es ist viel beschäftigt, aktiv, fröhlich, blüht förmlich auf.
  Abhilfe: Abwarten! Meistens schaffen Kinder, die insgesamt sehr gut persönlich motiviert sind, trotz aller Durchhänger die Schule doch gut, weil sie sich in den entscheidenden Phasen fangen.
- Hat Ihr Kind schwierige Probleme in der Familie, mit Mitschülern, Freunden oder dem Lehrer, die es völlig gefangen nehmen?

Anzeichen: Mit der rapiden Verschlechterung in der Schule gehen auch auffällige Verhaltensänderungen einher. Häufiges Lügen, Zurückziehen, Traurigkeit, Wutanfälle oder stille Resignation, Angst, Heimlichkeiten, Nervosität, verstärkte Krankheitsanfälligkeit. Die Schrift wird deutlich fahriger und schlampiger oder überkorrekt.
Abhilfe: Geduld und ganz viel Liebe! Fragen Sie Ihr Kind behutsam nach seinen Problemen. Forschen Sie in der eigenen Familie, bei anderen Eltern oder Mitschülern oder bei Lehrern nach der Ursache. Achtung: Ihr Kind darf dabei nie das Gefühl haben, dass Sie es hintergehen oder hinter seinem Rücken über es bestimmen!

Zum Fördern gehört Fordern genauso wie Geben. Ihr Kind weiß, dass Sie von ihm fordern, in der Schule möglichst gute Leistungen zu erbringen, und es darf erwarten, dass Sie ihm Ihre Unterstützung dabei geben.

Die Ursachen bekämpfen

Schlechte Noten sind oft Anzeichen von Schwierigkeiten, egal ob im persönlichen oder schulischen Bereich. Ein Abfallen der Leistung Ihres Kindes sollte Sie also immer aufmerksam werden lassen. Je nach Dauer und Intensität des Leistungsabfalls und je nachdem, wie hilfsbedürftig Ihr Kind in dieser Situation ist, braucht es Ihre Unterstützung. Manchmal hilft es schon, wenn Sie ein offenes Ohr und Verständnis für Probleme haben, in anderen Fällen braucht Ihr Kind mehr Hilfe – auf jeden Fall aber jemanden, der hinter ihm steht und es ermutigt.

Erleben Kinder ständig die Streitigkeiten ihrer Eltern, schaffen sie es kaum, ihre Gedanken davon frei zu machen und sich auf anderes zu konzentrieren.

Probleme zu Hause und in der Schule

In jeder Familie gibt es Probleme und Streitigkeiten, das ist völlig normal. Ihr Kind muss deswegen weder einen psychischen Schaden davontragen noch in der Schule gravierende Leistungsabschwächungen erleiden. Im Gegenteil: Es lernt so frühzeitig, dass Probleme zum Leben gehören und dass man miteinander eine bessere Lösung finden und Schwierigkeiten meistern kann.

Auch die Schulklasse ist eine Gruppe, in der es Missverständnisse, Unstimmigkeiten und Ärger zwischen den einzelnen Mitgliedern geben kann. Was im Mikrokosmos Familie funktioniert, nämlich die einvernehmliche Lösung von Problemen im Miteinander, lässt sich auch auf die Schule übertragen.

Streit in der Familie

Genauso wie Ihr Kind die schulischen Probleme mit nach Hause bringt, trägt es die Schwierigkeiten, die es in der Familie gibt, auch als Belastung mit in die Schule.

Auch in der besten Ehe gibt es Missverständnisse, Kränkungen und Streit – und Versöhnungen. Ein Kind leidet normalerweise nicht sonderlich unter einem Streit der Eltern, wenn es die Erfahrung gemacht hat, dass sie sich trotzdem immer wieder »zusammengerauft« haben. Belastend wirken nur Auseinandersetzungen, in die das Kind verwickelt wird, z. B. weil es glaubt, Partei für ein Elternteil ergreifen zu müssen, oder weil die Eltern sich über Erziehungsmethoden generell uneins sind.

Wenn Sie gerade eine schwierige Phase in Ihrer Ehe durchmachen, beachten Sie bitte:

- Reden Sie offen mit Ihrem Kind über den Streit.
- Streiten Sie möglichst nicht vor Ihrem Kind miteinander.
- Diskutieren Sie insbesondere keine Erziehungsfragen in Anwesenheit des Kindes.

- Der Tagesablauf, Lernrhythmus usw. sollte trotz der Schwierigkeiten ganz normal weiterlaufen.
- Fragen Sie Ihr Kind nicht um Rat.
- Reden Sie nie schlecht oder abfällig zu Ihrem Kind über Ihren Partner, auch wenn Sie gerade sauer auf ihn/sie sind.
- Kümmern Sie sich wie bisher beide liebevoll um Ihr Kind.
- Finden Sie die wirkliche Ursache hinter der gegenseitigen Missstimmung.
- Schließen Sie keine »faulen« Kompromisse!
- Suchen Sie notfalls Rat bei Freunden oder einem Therapeuten.

Zwischen Geschwistern gibt vielerlei Gelegenheit zu streiten. Im Großen und Ganzen gibt es für Eltern jedoch selten Anlass, bei kleineren Streitigkeiten einzugreifen. Machen Sie Ihren Kindern klar, dass keines bevorzugt und keines benachteiligt wird und dass Sie von ihnen erwarten, vernünftig genug zu sein, um ihre kleinen Reibereien allein auszutragen. Ergreifen Sie nie einseitig Partei für eines der Kinder, zeigen Sie immer, dass Sie beide Seiten verstehen. Es wird wohl kein Streit zwischen Geschwistern so heftig sein, dass er die schulischen Leistungen der Kinder beeinflusst.

Egal weswegen der Haussegen schief hängt, Ihr Sohn oder Ihre Tochter wird davon in seinem ganzen Wesen beeinflusst, denn Kindern fällt es außerordentlich schwer, Probleme hintanzustellen und sich nur auf die schulische Arbeit zu konzentrieren.

Trennung der Eltern

Fast jedes zweite Kind in Deutschland stammt heute aus einer geschiedenen Ehe oder wächst bei nur einem Elternteil auf. Eine Scheidung tut Kindern natürlich weh – aber sie werden davon nicht zwingend aus der Bahn geworfen.
Wenn eine Trennung, die für ein Kind immer sehr schmerzlich und kaum zu verstehen ist, unvermeidlich wird, dann sollten Sie so behutsam wie möglich vorgehen.
- Sprechen Sie beide gemeinsam altersgerecht mit den Kind über die Gründe der Trennung
- Ihr Kind muss wissen, deutlich fühlen, dass es selbst weder eine Schuld noch einen Einfluss auf die Entscheidung der Eltern hat

- Idealerweise kümmern sich weiterhin beide Elternteile um das Kind.
- Einigen Sie sich vernünftig über das Sorge- oder Besuchsrecht (bei Schwierigkeiten sofort Hilfe von Beratungsstellen in Anspruch nehmen!).
- Fällt ein Partner nun völlig oder teilweise als Elternteil aus, machen Sie bitte kein Drama daraus.
- Reden Sie nie abfällig über den Vater/die Mutter Ihres Kindes, egal, was in Ihrer Beziehung geschehen ist.
- Behalten Sie Tagesrhythmen, Lernzeiten und andere Gewohnheiten möglichst unverändert bei.
- Leidet Ihr Kind stark unter Ihrer Trennung, gehen Sie gemeinsam zu einem Familientherapeuten.

Hören Sie sich die Problemchen und Probleme, die Ihre Tochter oder Ihr Sohn in der Schule hat, an. Oft hilft es Ihrem Kind schon viel, wenn es einen einfühlsamen Zuhörer hat, der Verständnis für seine Situation aufbringt.

Zoff in der Schule

Nur selten gibt es ernsthafte Schwierigkeiten in der Schule, die Ihr Kind negativ beeinflussen oder sogar so verunsichern, dass es nicht mehr richtig lernen kann. Ärger mit dem Banknachbarn, eine ungerechte Note oder Rüge vom Lehrer, Rangeleien auf dem Schulhof – das alles sollten Sie nicht überbewerten, denn Streitigkeiten mit Freunden und Klassenkameraden sind normal, und Lehrer sind auch nur Menschen, die manchmal überfordert sind.

Kleinere Probleme

Nehmen Sie alle Klagen Ihres Kindes über Lehrer oder Mitschüler ernst. Hören Sie Ihr Kind in Ruhe an, fragen Sie genau nach, bis Sie ein umfassendes Bild von der Situation haben.

Trösten sie es, aber ergreifen Sie nicht automatisch Partei für Ihr Kind. Mischen Sie sich möglichst nicht ein, rufen Sie also nicht sofort die Eltern des Kindes an, das Ihre Tochter /Ihren Sohn z. B. an den Haaren gezogen hat, und beschweren Sie sich nicht sofort beim Lehrer, wenn Ihr Kind über seine Ungerechtigkeit jammert.

Helfen Sie Ihrem Kind dabei, solche kleinen Schwierigkeiten selber zu lösen. Wecken Sie sein Verständnis dafür, inwieweit es selbst zu der problematischen Situation beigetragen hat. Suchen Sie dann gemeinsam mit ihm Möglichkeiten, wie es die Krise alleine bewältigen kann, und fragen Sie am nächsten Tag nach, ob alles wieder in Ordnung ist.

Anzeichen für echte Probleme

- Ihr Kind mag plötzlich nicht mehr zur Schule gehen.
- Sein Verhalten ändert sich: es wird aggressiver oder auffallend still, nervös oder ängstlich.
- Sie spüren, dass es Angst hat.
- Es kann abends schlecht einschlafen oder wacht nachts oft auf.
- Seine Leistungen lassen deutlich nach.
- Das Lernverhalten verändert sich auffallend.
- Es reagiert auf Fragen nach der Schule ängstlich, trotzig oder mit Lügen
- Es wird auffallend häufig krank (Bauchschmerzen, Übelkeit, Durchfall, Kopfschmerzen).

Wie Sie eingreifen können

Manchmal können Aktionen von Mitschülern oder das Verhalten eines Lehrers Ihr Kind ernsthaft belasten. Gerade bei massiven Schwierigkeiten sprechen Kinder aber oft nicht sofort mit den Eltern. Trotzdem – Sie kennen Ihr Kind und werden spüren, wenn da »etwas im Busch« ist.

Wenn Sie glauben, dass Ihr Kind große Probleme hat, fragen Sie es zunächst vorsichtig nach dem Grund seiner Angst, seiner Wut oder Verweigerung. Wenn Sie dabei nichts herausbekommen, fragen Sie die Freunde und Mitschüler Ihres Kindes, ob irgendetwas in der Schule vorgefallen ist. Meistens bekommen Sie hier die gesuchte Antwort. Ansonsten gehen Sie zum Lehrer Ihres Kindes und erzählen Sie ihm von Ihren Beobachtungen.

Wenn in Ihrer Familie immer schon offen und ehrlich über Probleme geredet wurde, fällt es Ihrem Kind leichter, über seine schulischen Schwierigkeiten zu sprechen.

Für Eltern ist es oft schwierig einzuschätzen, wie schwerwiegend der Konflikt Ihres Kindes mit Schulkameraden ist und wann sie aktiv werden und eingreifen müssen.

Wenn Sie glauben, die Ursache gefunden zu haben, sprechen Sie Ihr Kind ganz offen darauf an. Zeigen Sie ihm, dass es mit diesem Problem nicht allein dasteht, dass Sie ihm helfen werden, eine Lösung zu finden.

Ärger mit Mitschülern

Kinder können ziemlich brutal gegenüber Schwächeren werden, meist aus Unachtsamkeit, im Eifer des Gefechts oder einfach aus Experimentierfreude – selten auch, weil sie dadurch ihre eigenen Probleme ablassen wollen.

Die häufigsten Attacken von Schülern untereinander beginnen mit Hänseln und Ärgern, Störungen beim Lernen oder Verpetzen. Schwerer wiegt, wenn ein Kind das andere beim Lehrer oder bei anderen Schülern anschwärzt oder es schneidet, also nicht mehr mit ihm spricht und spielt. Bedenklich und in letzter Zeit immer häufiger zu beobachten ist, dass Schüler sich untereinander Angst machen und bedrohen, sich bestehlen, schlagen oder erpressen.

Selbstbewusstsein zu erlangen ist schwierig, doch oft führen scheinbar einfache Maßnahmen wie das Erlernen einer Sportart zu großem Erfolg.

Kreative Problemlösungen

Meistens wird ein Kind dann Opfer von Angriffen, wenn es zu wenig Selbstbewusstsein besitzt. Deshalb genügt es nicht, wenn Sie nur den Mitschülern ins Gewissen reden, mit deren Eltern und dem Lehrer sprechen oder Ihr Kind zu beschützen versuchen, indem Sie es z. B. immer zur Schule bringen und es abholen. Oft verschlimmern diese gut gemeinten Aktionen sogar die Situation.

Überlegen Sie gemeinsam mit Ihrem Kind, wie es selbst zu den Angriffen mit beiträgt oder ob es etwas gibt, was seine Mitschüler provoziert oder ärgert. Haben die Angreifer vielleicht selber Probleme, und könnte Ihr Kind oder Sie helfen, diese zu lösen?

Dann das Wichtigste: Trainieren Sie mit Ihrem Kind mehr Selbstvertrauen und Stärke. Oft wirkt z. B. ein Wochenendkurs in Selbstverteidigung wahre Wunder. Lassen Sie Ihr Kind regelmäßig mehr Sport treiben, denn alle Sportarten, egal ob Tanzen, Judo, Ballett, Fußball oder Schwimmen, stärken Mut, Kraft und geben Selbstbewusstsein.

Achten Sie darauf, dass die Kleidung Ihres Kindes »modern« genug ist und dass es sich darin wirklich wohl fühlt. Zwingen Sie es nicht, etwas zu tragen, was ihm selbst nicht gefällt. Oft genug steigt das Selbstbewusstsein nur durch Markenschuhe oder Jacken, die »in« sind, enorm.

Dem Gerangel um die Klassenhierarchie ist jedes Kind ausgesetzt, und bei diesem »Kampf« um Beliebtheit und Ansehen bei Gleichaltrigen spielen viele Faktoren eine Rolle.

Probleme mit dem Lehrer

Manchmal fühlen sich Kinder ungerecht behandelt oder kommen mit der persönlichen Art eines Lehrers nicht klar. Meistens sind das lediglich Missverständnisse – und dem Lehrer ist oft gar nicht bewusst, dass er einen Schüler mit irgendeiner Äußerung oder Zensur tief verletzt hat.

Die häufigsten Klagen über Lehrer beziehen sich darauf, dass er oder sie die Dinge nicht richtig erklären kann, zu viele Hausaufgaben gibt und zu schwere Klassenarbeiten macht. Oft fühlen sich

Schüler auch ungerecht oder zu streng behandelt oder benotet. Relativ schnell kann sich bei einem Kind auch das Gefühl einstellen, dass es zu wenig beachtet wird oder der »Sündenbock« ist, dass ein Lehrer es nicht mag, ihm die schwersten Fragen stellt und es vor der Klasse lächerlich macht. Solche Vorwürfe sind meist nicht ganz aus der Luft gegriffen, doch gilt es herauszufinden, was wirklich begründet ist und was nicht.

Zunächst gilt für Eltern als Faustregel, die Autorität und Qualifikation eines Lehrers nicht sofort in Frage zu stellen, sondern auch den Anteil des eigenen Kindes an einer Problemsituation zu klären.

Mit jedem Lehrer kann man reden

Gehen Sie möglichst immer zu den Elternabenden, damit Sie die Lehrer Ihres Kindes kennen lernen, bevor Probleme entstanden sind. Wenn Ihr Kind Schwierigkeiten mit einem Lehrer hat, »überfallen« Sie ihn bitte nicht einfach nach Schulschluss. Nutzen Sie seine Sprechstunden, damit er auch wirklich Zeit für Sie hat. Sprechen Sie zunächst allein mit ihm. Erzählen Sie offen Ihre Sorgen, aber klagen Sie ihn niemals an!

Hören Sie sich seine Meinung über Ihr Kind ruhig an, fragen Sie nach, wenn Ihnen etwas unklar ist. Überraschenderweise reagieren die Lehrer oft erstaunt über die Empfindungen des jeweiligen Schülers, manchmal mag ein Lehrer gerade diesen Schüler besonders gerne oder hält ihn für recht gut in der Schule.

Versuchen Sie, gemeinsam mit dem Lehrer eine Lösung zu finden – und bitten Sie um ein weiteres Gespräch zusammen mit dem Kind.

Das Problem gemeinsam lösen

Erzählen Sie Ihrem Kind zu Hause, was Sie mit dem Lehrer besprochen haben, wie sie nun selber die Situation und ihn als Menschen sehen. Natürlich gibt es durchaus »schwierige Charaktere«, dennoch kann Ihr Kind lernen, mit ihm auszukommen. Helfen Sie ihm dabei, auch Verständnis für die Position des Lehrers zu entwickeln. Erklären Sie Ihrem Kind auch, was sein Lehrer über es gesagt hat, welche Schwierigkeiten er mit ihm hat – und ob es ein bestimmtes

Verhalten ändern sollte. Gehen Sie dann eine Woche später gemeinsam mit Ihrem Kind noch einmal in die Sprechstunde, und beratschlagen Sie miteinander, wie die Schwierigkeiten zu lösen sind. Normalerweise findet sich so ein ganz guter Konsens, und Ihr Kind baut vielleicht eine völlig neue Beziehung zu seinem Lehrer auf.
Nur äußerst selten gibt es tatsächlich eine unüberbrückbare, tiefe gegenseitige Antipathie. Dann müssen Sie gemeinsam mit Ihrem Kind, dem betroffenen Lehrer und dem Schulleiter überlegen, ob und wie sie einfach dieses Schuljahr einigermaßen durchhalten können, oder ob Ihr Kind besser die Klasse wechselt.

So helfen Sie bei Problemen mit Mitschülern und Lehrern

- Trösten Sie Ihr Kind, und machen Sie ihm Mut, »überbehüten« Sie es aber nicht.
- Überlegen Sie gemeinsam, welche Ursachen die Hänseleien der anderen haben könnten, und wie Ihr Kind selbst zu dem Problem beiträgt.
- Fördern Sie das Selbstbewusstsein Ihres Kindes, lassen Sie es Sport treiben oder ein tolles Outfit tragen.
- Sprechen Sie eventuell gemeinsam mit Ihrem Kind und den Mitschülern.
- Gehen Sie regelmäßig zu Schulveranstaltungen und Elternabenden.
- Melden Sie sich bei Problemen in der Sprechstunde des Lehrers an, und hören Sie seine Meinung zu den Problemen Ihres Kindes.
- Berichten Sie Ihrem Kind von diesem Gespräch und Ihrem persönlichen Eindruck.
- Schimpfen Sie Ihr Kind nicht, wenn Sie von Ungezogenheiten oder schlechten Leistungen erfahren haben.
- Sagen Sie offen, wenn auch Sie selbst den Lehrer als etwas zu streng oder schwierig empfinden.
- Erklären Sie dann Ihrem Kind, dass man auch mit schwierigen Menschen lernen kann umzugehen, und wecken Sie Verständnis für die Situation des Lehrers.
- Gehen Sie nach einer Woche mit Ihrem Kind zu einem zweiten, gemeinsamen Gespräch, und versuchen Sie, gemeinsam eine Lösung zu finden

Missverständnisse und Konflikte lassen sich meist schnell und unkompliziert klären, wenn man sich zusammensetzt und in Ruhe über alles redet. Das gilt auch für Probleme in der Schule, mit Lehrern und Mitschülern.

Nicht jedes Kind entspricht dem Idealbild des engagierten, aktiven Schülers.

Über- und Unterforderung

Einige Kinder schreiben häufig schlechte Noten und zeigen wenig Begeisterung für das Lernen. Sie finden Schule einfach nur doof oder langweilig. Manche von ihnen quälen sich stundenlang mit ihren Hausaufgaben, andere knallen sie in 10 Minuten einfach irgendwie hin. Sie haben keine besonderen Probleme mit den Eltern oder Freunden, sind normalerweise sehr aufgeweckt, interessiert und intelligent. In der Schule können sie als »Klassenclown«, »Zappelphilipp« oder »Träumer« auffallen; sie sind frech und unkonzentriert und stören, und manchmal verweigern sie einfach jegliche Teilnahme am Unterricht – und so schwanken ihre Leistungen oft drastisch zwischen sehr gut und ungenügend. Lehrer und Eltern sind ratlos, wenn alle Maßnahmen bei solchen Kindern scheinbar wirkungslos bleiben.

Überforderung

Die Grenzen zwischen Motivationsschwäche, zeitweiliger Unlust und echter Überforderung sind fließend, doch meist spielen alle drei Faktoren eine Rolle in einer verhängnisvollen Wechselwirkung.

Vielleicht ist Ihr Kind mit dem Schulstoff oder einem speziellen Fach einfach überfordert. Wenn es nämlich nicht einmal die Grundlagen verstehen konnte oder irgendwann »den Faden verloren« hat, macht alles Weitere, darauf Aufbauende natürlich überhaupt keinen Sinn mehr. Überforderung heißt nicht, dass ein Kind weniger intelligent ist als die anderen. Es hat lediglich

- vielleicht wegen längerer Abwesenheit, Krankheit, Schulwechsel oder einer »faulen Phase« den Anschluss an den Stoff verloren,
- einen anderen Entwicklungsrhythmus und wurde evtl. zu früh eingeschult,
- eine andere Art zu denken, was sich oft mit Schwierigkeiten in Logik-Fächern wie Mathematik bemerkbar macht,

- Schwierigkeiten mit den zu hohen Anforderungen, etwa weil Deutsch nicht seine Muttersprache ist, weil es zu viele Nebeninteressen und Hobbys hat oder weil es Probleme zu Hause hat,
- ein langsameres Lerntempo als der Durchschnitt,
- eine Lese- und Rechtschreibschwäche.

Ein Beispiel für Überforderung

Stellen Sie sich vor, Sie haben sich für einen Englischkurs angemeldet. Der Lehrer spricht von der ersten Stunde an nur Englisch mit der Klasse, und auch alle Lehrmittel sind englisch geschrieben. Sie haben – im Gegensatz zu all Ihren Mitschülern – aber noch nie vorher ein Wort Englisch gesprochen und verstehen deshalb überhaupt nichts. Sie bemühen sich, fragen, schlagen ständig im Wörterbuch nach – umsonst. Spätestens am dritten Kurstag haben Sie völlig den Faden verloren und schalten ab, geben auf. Die Stunden ziehen sich: Sie hören das unverständliche Kauderwelsch ihres Lehrers, malen, reden mit dem Nachbarn, stehen auf, um auf die Toilette zu gehen, schauen aus dem Fenster, essen etwas usw. Eine Qual! Wenn der Lehrer Sie aufruft, werden Sie nur hochrot – Sie wissen ja nicht einmal, was er gefragt hat! Die Hausaufgaben versuchen Sie anfangs noch mit Hilfe des Wörterbuchs zu erledigen, später schreiben Sie sie einfach vor dem Kurs von Ihrem Nachbarn ab. Viele Wörter und Sätze lernen Sie einfach auswendig, ohne ihren Sinn oder den Zusammenhang zu kennen. Natürlich schreiben Sie deshalb nur schlechte Noten, werden gerügt, gemahnt, verlacht. Auch wenn der Lehrer etwas ganz langsam erklärt: Es ist Englisch – und das verstehen Sie nicht. Trotzdem sagen Sie nach seiner dritten Wiederholung einfach »Yes, okay«, denn Sie wollen sich schließlich nicht ständig blamieren.

Fehlen in bestimmten Fächern die Grundlagen oder wichtige Informationen, etwa weil Ihr Kind wegen Krankheit längere Zeit den Unterricht versäumt hat, kann es schnell überfordert sein.

Als Erwachsener wissen Sie natürlich, dass Sie nicht zu dumm sind, sondern nur im falschen Kurs sitzen. Sie würden nach spätestens drei Stunden diesen Unterricht verlassen und sich einen geeigneteren suchen, in dem der Lehrer deutsch spricht und Bücher mit deutscher Erklärung und Übersetzung verwendet. Ein Kind aber muss in der Schule und in seiner Klasse bleiben!

Ist mein Kind überfordert?

Viele Kinder mögen es sich selbst nicht eingestehen, dass sie mit dem Stoff nicht recht mitkommen und den Leistungsanforderungen nicht (mehr) gewachsen sind. Achten Sie deshalb darauf, ob Ihr Sohn oder Ihre Tochter mit den Hausaufgaben »kämpft«.

Nicht jedes Kind, das eine Fünf in Rechnen hat, ist tatsächlich überfordert. Für schlechte Leistungen gibt es viele Gründe, und Sie müssen gemeinsam mit Ihrem Kind und seinem Lehrer behutsam herausfinden, wo die Ursachen liegen.
Folgende Anzeichen können auf eine Überforderung hinweisen:

- Obwohl es sich bemüht, macht Ihr Kind sehr viele Fehler.
- Sie bemerken, dass es nur vorgibt, etwas verstanden zu haben.
- Seltsame Rechtschreibfehler, häufiges Auslassen von Buchstaben, Schwierigkeiten beim Buchstabieren und Auswendiglernen statt lesen deuten auf eine Lese- und Rechtschreibschwäche hin.
- Sie spüren, dass Ihr Kind ein bestimmtes Fach oder den ganzen Jahresstoff »aufgegeben« hat.
- Die Notenlage ist miserabel.

Beteiligt sich ein Kind nie oder selten am Unterricht, wird es schnell als faul eingeschätzt. Doch oft liegen ganz andere Ursachen vor.

- Ihr Kind macht in der Schule auffallend wenig mit, liefert keine mündlichen Beiträge, träumt viel, spielt, schwätzt oder stört.
- Ihr Kind hat häufig unerklärliche Kopfschmerzen.

So findet Ihr Kind den Anschluss wieder

Wenn Ihr Kind in einem oder mehreren Fächern aus irgendeinem Grund nicht »mitkommt« – keine Panik! Das bedeutet keinesfalls, dass es weniger intelligent als seine Mitschüler ist, sondern nur, dass es anders ist und anders lernt. Das müssen Sie Ihrem Kind unbedingt erklären, denn es fühlt sich durch das Nichtverstehen, Versagen und auch bei selbstverschuldeter Faulheit ziemlich schlecht, dümmer und minderwertiger als die anderen.

Betonen Sie deshalb seine anderweitigen guten Leistungen jetzt besonders. Weisen Sie auf Zeichen seiner Intelligenz hin (z. B. seine Leistungen beim Legobauen, bei Kreuzworträtseln, bei Spielen, beim Umgang mit dem Computer usw.), erinnern Sie es an besondere Anstrengungen oder Leistungen, die seine Mitschüler nicht vollbracht haben (z. B. Deutsch gelernt, im Fußball gewonnen, auf der Bühne gestanden usw.), und zeigen Sie Ihrem Kind bei jeder kleinen Gelegenheit besonders deutlich, wie stolz Sie auf es sind.

Überlegen Sie gemeinsam mit Ihrem Kind und seinem Lehrer, welche Strategie am besten ist. Ihr Kind kann einen speziellen Förderunterricht oder Nachhilfe erhalten, die Klasse wiederholen oder die Schule bzw. den Schultyp wechseln.

Üben Sie keinesfalls Druck aus, bestrafen oder kontrollieren Sie Ihr Kind nicht und drohen Sie ihm nicht mit negativen Zukunftsaussagen. Das Gefühl von Akzeptanz und Ihrem uneingeschränktem Vertrauen sind für Ihr Kind die allerbeste Voraussetzung, sich wirklich zu engagieren.

Lassen Sie ihm Ihre Hilfe und Unterstützung zukommen, und fördern Sie es mit den geeigneten Maßnahmen. Dann kann es (wieder) verstehen, wovon der Lehrer spricht, Lernen ist kein großes Problem mehr, und die Schule macht ihm schnell wieder richtig Spaß.

Bei Überforderung braucht Ihr Kind besonders viel Verständnis und Rückhalt von Ihnen. Es muss seine Unsicherheiten überwinden und neuen Mut schöpfen, um leistungsfähiger werden zu können.

Unterforderung

Es ist oft schwierig, Überforderung, eine »Durchhängephase« und Unterforderung auseinander zu halten, denn die Symptome sind sehr ähnlich: Die Leistungen verschlechtern sich, und das Kind hat »null Bock« auf Schule und auf Hausaufgaben. Entweder schmiert es irgendetwas hin, oder es »vergisst« sie einfach. Es ist nörgelig, unzufrieden und oft nervös und kann in der Schule auch als »Störenfried« oder »Sonderling« auffallen. Dabei ist völlig klar, dass das Kind nicht dumm ist – es zeigt sogar außerordentliche Fähigkeiten in seiner Freizeit. Nur, warum hat es keine Lust zum Lernen?
Unterforderung bedeutet, dass Ihrem Kind der Schulstoff einfach zu langweilig ist. Es weiß die Antwort auf eine Frage, noch bevor der Lehrer sie ganz ausgesprochen hat. Die meisten Aufgaben fallen ihm leicht – zu leicht, und deshalb hat es wenig Interesse daran. Weil ihm dadurch aber die Übung fehlt oder es vieles, was es noch nicht wusste, nicht mitbekommt, sind die Leistungen bei Prüfungen nicht immer überragend – oft sogar schlechter als der Durchschnitt.

Kinder brauchen einen Ansporn, um motiviert zu sein, sie wollen Aufgaben lösen und Neues dazulernen. Wenn ihnen alles zu leicht fällt und sie das Gefühl haben, nichts Interessantes dazuzulernen, schalten sie ab und fallen in ihren Leistungen zurück.

Ein Beispiel für Unterforderung

Stellen Sie sich noch einmal vor, Sie haben einen Englischkurs gebucht. Diesmal sind Sie mit Ihren deutschen Eltern in Amerika aufgewachsen, leben aber seit Ihrer Studienzeit wieder in Deutschland. Ihr Englisch ist natürlich gut, sie haben es nur etwas vernachlässigt. Nun wollen Sie es für einen neuen Job wieder auffrischen. Sie merken schnell, dass Sie versehentlich in einen Anfängerkurs geraten sind. Ihre Mitschüler können nur einige Brocken Englisch, und der Lehrer fängst quasi bei Null an.
Für sie sind die einfachen Konversationen nur langweilig, und deshalb schreiben Sie nach und nach alle Lösungen in das ganze Arbeitsheft, spielen mit dem Bleistift und amüsieren sich über die falsche Aussprache Ihrer Mitschüler. Wann immer der Lehrer Sie aufruft, antworten Sie ihm lässig und wie aus der Pistole geschossen

in perfekter Aussprache. Für den zweiten Kurstag packen Sie sich vorsorglich zwei Bücher ein, die Sie schon lange lesen wollten. Der Unterricht rauscht an Ihnen vorbei, doch plötzlich werden Sie aufgerufen, die ganze Klasse starrt auf Sie, grinst. »Das Personalpronomen der 2. Person Singular, Nominativ, bitte«, wiederholt der Lehrer etwas höhnisch, und Sie überlegen fieberhaft, was das sein könnte. Es verstreichen quälend lange Sekunden, bis der Lehrer endlich sagt: »Na, das müssten Sie doch wissen, wenn Ihr Englisch so gut ist. YOU! Denken Sie bitte etwas mehr mit!« Das saß. Immerhin sprechen Sie wirklich viel besser Englisch als er, und jetzt diese Blöße … Sie ziehen sich noch mehr zurück, lesen in Ihrem Buch, kritisieren höchstens die Aussprache des Lehrers oder verbessern manchmal einen falschen Vorgabesatz. Am Ende der 5. Stunde gibt's die erste kleine Prüfung: »Das meiste hat ja gar nichts mit Englisch zu tun, lauter idiotische Grammatikfragen«, bemerken Sie entsetzt und beantworten deshalb nur 5 von 10 Fragen richtig. Trotzdem schaffen Sie natürlich den 12-tägigen Kurs mit links, aber leider nur mit einer 4 im Abschlussdiplom!

Natürlich, ein Erwachsener würde wohl sofort von einem versehentlich belegten Anfänger-Kurs in den richtigen Unterricht für Business-English wechseln. Ein Kind muss aber auf Gedeih und Verderb in seiner Klasse bleiben.

Unterforderung kann sich zu einem ernsthaften Problem auswachsen, wenn Ihr Kind die Schule nur noch langweilig und negativ sieht und sich quälen muss, hinzugehen.

Ist mein Kind unterfordert?

Vielen Kindern ist es in der Schule manchmal langweilig, weil sie einen bestimmten Stoff schneller verstanden haben als ihre Mitschüler. Oft sind es gerade die Lieblingsfächer eines Kindes, in denen das geschieht, und so muss es dazu angeregt werden, trotzdem aufmerksam zu sein und ständig am Ball zu bleiben, damit es nicht leichtsinnig wird und plötzlich wichtige, ihm unbekannte Fakten versäumt. Ansonsten kann es seine Begabung einfach genießen und in seiner Freizeit ausbauen.

Sehr bedenklich wird eine Unterforderung erst dann, wenn Ihr Kind

- die Lust am Lernen verliert.
- keinen Respekt mehr vor dem Lehrer hat.
- Leistung verweigert, weil es sich für den »Kinderkram« nicht interessieren mag.
- trotz Begabung immer schlechtere Noten bekommt.
- in der Schule ständig abweisend, besserwisserisch, frech oder störend auffällt.
- Freunde verliert oder wenig Anschluss in der Klasse findet.
- sich zu Hause verstärkt zurückzieht, um eigene Experimente zu machen, zu träumen, zu schreiben, am Computer zu sitzen usw.

Die aktive Teilnahme am Unterricht und am schulischen Geschehen ist nicht nur für den Wissenserwerb von Bedeutung, sondern hat auch eine wichtige Funktion im Hinblick auf die Ausbildung sozialer Kompetenzen Ihres Kindes.

So schaffen Sie neue Herausforderungen

Prüfen Sie zunächst mindestens vier Wochen lang, ob Ihr Kind tatsächlich vom Schulstoff gelangweilt ist, weil es das meiste einfach schon kann. Fragen Sie es spielerisch aktuelle und noch nicht durchgenommene Aufgaben ab, beobachten Sie, welche Bücher, Zeitschriften oder Zeitungen Ihr Kind liest und welche Freizeitaktivitäten es bevorzugt. Sind sie tatsächlich altersgemäß oder liegen hier Anzeichen für eine besondere Entwicklung vor?

Wenn Sie der Ansicht sind, dass Ihr Kind wirklich momentan unterfordert ist, sprechen Sie mit ihm und seinem Lehrer darüber. Es gibt viele Möglichkeiten, diese Unterforderung auszugleichen, und sie sollten die verschiedenen Möglichkeiten gut prüfen. Das letzte Wort dabei sollte natürlich Ihr Kind haben.

Neue Herausforderungen für Ihr Kind könnten beispielsweise bei den folgenden Aktivitäten liegen:

- Außerschulische Kurse, etwa in Fremdsprachen, Elektronik, Sport, Musik oder Kunst belegen.
- Allein oder mit Freunden Projekte entwickeln und bei Initiativen wie »Jugend forscht« einreichen.
- Nachhilfeunterricht geben.
- Eine Klasse überspringen.
- Die Schule bzw. den Schultyp wechseln.

Hochbegabung – Chance und Risiko

Kinder mit besonderen Begabungen geraten leider oft ins Abseits. Sie haben wenig oder gar keine Freunde und fühlen sich häufig auch in der Familie unverstanden. Behandeln Sie Ihr Kind nicht anders, nur weil es z. B. eine Klasse übersprungen hat. Es braucht genausoviel Liebe, Disziplin, Vertrauen und Verständnis wie jedes andere Kind. Besonders wichtig ist, dass Sie die sozialen Kontakte Ihres Kindes fördern. Lassen Sie es häufig Freunde einladen, animieren Sie es, an einer Theatergruppe, einem Skikurs oder Sprachferien im Ausland teilzunehmen.
Auch wenn Sie in der Familie mit Ihrem überdurchschnittlich begabten Kind umzugehen wissen und es ganz normal behandeln, so gibt es doch im schulischen Bereich oft Schwierigkeiten. Nur in wenigen Bundesländern gibt es spezielle Schulen für hochbegabte Kinder. Im »normalen« Schulbetrieb können sie meist nicht ihren Fähigkeiten entsprechend gefordert werden, und so sind die Probleme vorprogrammiert.

So paradox es klingen mag, Familien mit hochbegabten Söhnen oder Töchtern haben oft große Probleme, die richtige Schule für ihr Kind zu finden, in der es gefördert wird und sich entsprechend seinen Fähigkeiten entwickeln kann.

Sind Kinder in der Schule ständig unterfordert, stehen Eltern vor der schwierigen Aufgabe, interessante Beschäftigungen zu suchen, die eine Entfaltung und Förderung ermöglichen.

Spielzeug kann eine Ergänzung zum schulischen Lernen darstellen. Der Spaß daran sollte aber im Vordergrund stehen!

Was Kinder klüger macht

Es gibt unendlich viele Lernhilfe-Methoden, pädagogisch wertvolles Spielzeug, und sogar einige Spezial-Diäten, Vitamincocktails oder Medikamente, die versprechen, dass damit die schulische Leistung Ihres Kindes mit Sicherheit besser wird. Leider ist das meiste nur verkaufsfördernde Taktik. Noten wurden wohl noch nie allein durch ein Spielzeug, ein bestimmtes Lernprogramm oder ein spezielles Mulivitaminpräparat besser.
Dennoch, einige Methoden und Hilfsmittel können Ihr Kind auf seinem schwierigen Schulweg tatsächlich unterstützen. Bitte beachten Sie dabei: Egal wie fasziniert Sie selbst von einem der folgenden Vorschläge sind, auch die beste Lern-Unterstützung wirkt nur dann, wenn sie auch Ihrem Kind Spaß macht! Jegliche »Zwangstherapie« ist deshalb von vornherein zum Scheitern verurteilt.

Lernspiele und Lernbücher

Lernspiele und Konzentrationsübungen, Rechen- und Leseübebücher sind alles andere als Wundermittel zum besseren Schulerfolg. Doch so lange sie Kindern Spaß machen, haben sie durchaus positive Wirkungen.

Für fast jede Altersstufe gibt es Rechen-, Wort- und Sachkundebücher und -Spiele. Meiner Erfahrung nach sind Vorschulkinder, Erst- und Zweitklässler wirklich dafür zu begeistern. Mit Feuereifer ziehen sie Zahlen und Buchstaben nach, lesen kleine Geschichten, lösen Rätsel und Rechenaufgaben und malen kleine Mandalas aus.
Für ältere Kinder sind solche Bücher oder Lernspiele eher langweilig oder wirken wie eine Zusatzhausaufgabe. Sie merken außerdem sehr gut, dass hinter dem scheinbaren Geschenk eigentlich die Forderung der Eltern steht, in einem bestimmten Schulfach besser zu werden. Ältere Kinder finden aber Spiele und Bücher interessant, die auch wir Erwachsenen lieben – und damit lässt sich der Verstand wundervoll trainieren:

- Brettspiele wie Mühle, Dame, Domino, Schach fördern Logik und Konzentration.
- Puzzles und Basteleien fördern Geduld, Phantasie, Motorik, Genauigkeit, Logik und Konzentration.
- Kreuzworträtsel, Scrabble und Quizspiele verbessern das Allgemeinwissen sowie die Ausdrucksstärke und Wortgewandheit.
- Computerspiele fördern Reaktionsschnelligkeit, Konzentration, Logik und Elektronikwissen.
- Märchenbücher, Science-Fiction-Stories, Kinder-Erzählungen, Krimis und Comics sind nützlich für das Lesen und Rechtschreiben, für Ausdrucksstärke, Phantasie und Konzentration.
- Tageszeitungen, Illustrierte, Fachbücher und Lexika vertiefen das Allgemeinwissen und fördern Lesen, Rechtschreiben, Konzentration und Orientierung im Textfeld.

Hobbys und vielleicht Freizeitsport, den Ihr Kind leidenschaftlich betreibt, sind wichtig für die Ausgeglichenheit und Zufriedenheit Ihres Kindes und sollten nicht zu kurz kommen.

Hobbys unterstützen

Kinder haben spezielle Hobbys und sind glücklich über jedes Material, das zu ihren Vorlieben dazugehört. Nutzen Sie deshalb immer die natürlichen Vorlieben Ihres Kindes, um sein Wissen spielerisch zu erweiten!
So liest beispielsweise plötzlich ein ansonsten lesefauler Junge begeistert in seinem Fußballbuch, ein Mädchen, das Schwierigkeiten mit Englisch hat, übersetzt die Texte aus dem Songbook seiner Lieblingsband und Kinder, die sonst wenig Interesse für Rechenaufgaben zeigen, können schnell und ganz genau beim Kartenspiel oder beim Dart die Punkte bestimmen.

Brainfood – Intelligenz und Nahrung

Multivitamine, versteckt in bunten Kapseln, im Saft, in einem Müsliriegel, in Joghurt oder dem Getreideflockenfrühstück versprechen Leistungssteigerung. Doch das Fazit dieser zusätzlichen Vitamingaben: Es schadet nicht – doch es bringt auch nicht viel!

Aber mit einer ausgewogenen Ernährung können Sie Ihrem Kind tatsächlich helfen, erfolgreicher zu sein. Denn Vitamin- oder Mineralstoffmangel beeinträchtigt das Leistungsvermögen, und Ihr Kind wird müde, nervös oder fahrig, weil die Konzentration sinkt.
Kinder lieben die Fast-Food-Küche mit Pommes, Nudeln, Hamburgern und Pizzas sowie alle erdenklichen Süßigkeiten. Doch diese Nahrungsmittel sind oft voller überflüssiger Fette und Zusatzstoffe und stellen nicht eine Ernährung dar, die das geistige Potenzial zu unterstützen oder gar zu steigern vermag.
Mit etwas Phantasie können Sie jedes »Fast-Food« mit frischem Salat und Kräutern, Gemüsestückchen oder frischen Obstsäften aufwerten. Bieten Sie beispielsweise eine selbst zubereitete Pizza an, mit frischen Tomaten, Kräutern, Gemüse, etwas Geflügelfleisch oder magerer Salami, etwas Mozzarella, dazu einen frischen Salat, das hat eine Menge an wichtigen Nährstoffen – und es schmeckt!

Eine radikale Umstellung oder gar der Zwang zu »gesundem Essen« ruft bei Kindern oft Abneigung hevor und verfehlt so das Ziel, das Wohlbefinden zu fördern.

Wichtige Inhaltsstoffe

»Intelligenzfördernde« Nahrungsmittel enthalten viele Vitamine, Mineralien und Spurenelemente. Insbesondere die B-Vitamine sind für ein reibungsloses Funktionieren unseres Gehirns zuständig und steigern die Ausdauer und Konzentration. Enthalten sind sie vor allem in Gemüse und Salat, reifem Obst, Nüssen, Haferflocken, Reis, Hirse, Grünkern, Kartoffeln, Fisch, Leber und Geflügel, frischen Kräutern und Sprossen.

Ein »kluger« Speiseplan

Lassen Sie sich von folgenden Anregungen für eine vitaminreiche und leistungsfördende Ernährung inspirieren.

Frühstück
Es sollte leicht, wenig belastend und besonders vitaminreich sein.
- Nur Obst nach Wahl oder Joghurt mit frischen Früchten, oder

- Toast / Weißbrot / Semmel mit etwas Butter, belegt mit Hühnerbrust / magerer Rindersalami / Schnittkäse / Frischkäse – dazu frische Tomate / Gurke / Paprika und dazu viele frische Früchte / frischer Obstsaft, oder
- Vollkornbrot oder -Semmel mit etwas Butter, belegt mit Quark / Frischkäse / Schnittkäse / Salat / Radieschen / Gurken / Tomaten / Paprika und dazu ein Mini-Salat mit frischen Kräutern oder belegt mit Marmelade / Honig / Nutella – dazu süßes Obst, wie Banane, Erdbeeren oder Aprikosen / frischer Obstsaft

Pause:

Der Pausensnack sollte wenig belasten und schnell Energie liefern.

- Vollkornbrot mit etwas Butter, belegt mit magerer Wurst / Käse / Tomaten / Salat / Gurken und dazu ein hartgekochtes Ei / eine ganze Karotte / ein Apfel, oder
- Toast oder Weißbrot mit etwas Butter, bestrichen mit Marmelade / Honig / Schokocreme und dazu Banane / Birne / Aprikose

Als Energiespender sollten Sie Ihrer Tocher bzw. Ihrem Sohn zur Pause auch immer eine Mini-Süßigkeit (2-5 Gummibärchen / einen kleinen Müsliriegel / ein Eckchen Kuchen / 3 Stückchen Schokolade) und ein paar Nüsse einpacken.

Ganz auf Süßigkeiten oder die geliebten Pommes sollte Ihr Kind nicht verzichten müssen. Schließlich ist es in erster Linie die Menge, die entscheidet, ob ein Nahrungs- oder Genussmittel negative Auswirkungen hat.

Mittagessen:

Das Mittagessen sollte sättigend und ballaststoffreich sein.

- Nudeln, Pizza, Reis oder Baguette mit Käse- / Tomaten- / Gemüse- / Fleischsauce und dazu viel frischer Salat, oder
- Fisch / Geflügel / Gemüsestäbchen / Geflügelwürstchen / kleines Schnitzel / Braten / Leber und dazu viel frisches Gemüse nach Wunsch / wenig Kartoffeln (auch als Puffer oder Pommes) / Reis / Hirse / Salat, oder
- Eintopf oder Suppe, dazu viele frische Kräuter / Salat / etwas Weißbrot, oder
- ein Gemüsegericht, dazu ein Spiegelei / Reis / Kartoffeln / Hirse / Nudeln / Tomaten / Käse / Salat, oder

- Hirse-, Reis-, Grünkern- oder Weizengerichte (Risotto, Auflauf), dazu viel Gemüse / frischen Salat

Auch im Hinblick auf die Ernährungsgewohnheiten ist das Elternhaus prägend. So wird Ihrem Kind vernünftiges und gesundes Essen leicht fallen, wenn es das von Kindesbeinen an gewohnt ist.

Nachmittagssnack:
Der Nachmittagssnack soll anregend, vitaminreich, leistungssteigernd sein:
- Obst oder
- Joghurt mit frischen Früchten oder
- Minibaguette mit viel frischem Gemüse oder
- Nüsse oder
- Getreideflocken, Müsli oder Cornflakes oder
- ein kleines Stück Kuchen oder
- kleiner Schoko- oder Müsliriegel oder
- Vollkornbrot mit Butter, Kräutern und Gemüse

Abendessen:
Das Abendessen sollte beruhigend und sehr mineral- und ballaststoffreich sein.

Ein ausgewogenes Frühstück ist keine Garantie für schulischen Erfolg, doch die Ernährung spielt eine wichtige Rolle, wenn es um Wohlbefinden und Leistungsfähigkeit geht.

- Süßspeisen wie Kaiserschmarrn, Pfannkuchen, dazu frisches Kompott / wenig Trockenobst / viel frisches, süßes Obst oder frischer Obstsaft, oder
- Vollkornbrot mit Käse / Wurst, dazu hartgekochte Eier / frische Salate / Kräuter, oder
- Fleisch- oder Fischgerichte, dazu sehr viel Gemüse / Salat, oder
- Kartoffeln (Pommes, Puffer, Pell- oder Bratkartoffeln, Püree), dazu Gemüse / Quark / viel Salat / wenig Fleisch oder Fisch, oder
- Nudelgerichte, Pizzas, dazu Gemüse / viel frischer Salat

Getränke:
Anregend wirken: Mineralwasser, Tees aus Pfefferminze, Apfelschalen, Zitrone oder Malve, Obstsäfte, Obstsaftschorle, Cola, »Sportler-Drinks«, Kakao
Beruhigend wirken: Tees aus Früchten, Kamille oder Melisse, alkoholfreies Malzbier, Milch

Schwer verdauliche Mahlzeiten absorbieren Energie und sollten deshalb nicht vor dem Schlafengehen oder vor Prüfungen eingenommen werden – mit übervollem Magen wird Leistung ebenso beschwerlich wie mit hungrigem Bauch.

Ein voller Bauch studiert nicht gern

Eine üppige, schwere Mahlzeit nimmt unseren Organismus ziemlich stark in Anspruch. Unsere Verdauung braucht nach Braten mit Knödeln, einer doppelten Portion Spaghetti, Käsesahnetorte oder einem fürstlichen Frühstück viel Energie! Wir fühlen uns deshalb nach einem etwas deftigen oder zu reichlichen Essen ziemlich müde und nicht besonders leistungsfähig.
Deshalb braucht Ihr Kind morgens vor der Schule und zur Pause eher leichte Snacks, die es trotzdem mit hochwertigen Biostoffen und Energie versorgen. Nach dem etwas schwereren Mittagessen ist normalerweise Zeit genug, um richtig zu verdauen. Nachmittags bei den Hausaufgaben sorgen kleine, aber leicht verdauliche »Biostoffbomben« für einen weiteren Energieschub. Abends können deftige Lieblingsgerichte die nötige Bettschwere verleihen – oder ein leichter Snack noch einmal Power geben. Etwa zwei Stunden vor dem Schlafengehen sollte der Magen aber nicht mehr belastet werden.

Manche Kinder essen automatisch oft tagelang, z. B. vor schwierigen Prüfungen, sehr wenig – sie brauchen ihre ganze Energie zum Lernen. Überreden Sie Ihr Kind dann nicht zum Essen, stellen Sie ihm lieber ganz leichte Leckerbissen (frisches Obst, kleine Brotstücke mit Butter, Quark und Kräutern, Tomaten-, Paprika-, Gurken-, Karottenstücke mit einem würzigen Dip usw.) auf seinen Schreibtisch, und versorgen Sie es mit frischen Obstsäften.

Superlearning

Unter dem Begriff »Superlearning« sind verschiedene Techniken zusammengefasst, bei denen ein Schüler in tiefem Entspannungszustand Lernmaterial aufnimmt und meist erstaunlich gut behält. Oft werden mit dieser Technik akustisch, also über einen Kassettenrekorder oder einen CD-Player, Fremdsprachen vermittelt, aber man kann sich die Wirkungsweise auch selbst für alle Lernfakten zunutze machen, z. B. für Geschichte, Physik oder Rechenformeln.

Es wäre wahrlich ein Wunder, wenn man sich Wissen im Schlaf aneignen könnte, doch in entspanntem Zustand ist die Aufnahmebereitschaft und -fähigkeit des Gehirns nachweisbar gesteigert.

Wie funktioniert Superlearning?

Diese Technik nutzt die Tatsache, dass unser Gehirn im Entspannungzustand besonders effektiv »programmierbar« ist. Die Kassetten bzw. CDs beginnen deshalb mit einer Tiefenentspannung.
Der Hörer wird mit sanfter Stimme angewiesen, nach und nach alle Muskeln zu lockern, sich von störenden Gedanken zu lösen, völlig zu entspannen, bis er in einer Art »Beinahe-Schlaf« versunken ist. Angenehme Musik erleichtert das »Abtauchen«. In diesem total losgelösten Zustand hört der Schüler nur noch wie von fern die Stimme, die ihm den Lernstoff einflüstert. Er konzentriert sich überhaupt nicht auf diese Stimme oder die Worte, sondern schwebt nur zufrieden in einem traumähnlichen Zustand. Irgendwann werden Stimme und Musik plötzlich wieder lauter – die »Entspannungs-Lernzeit« ist um; langsam führt der sympathische Sprecher den Hörer wieder in die Wirklichkeit, zum »Aufwachen«. Ein biss-

chen dösig, aber ausgeruht wie nach einem ausgiebigen Mittagsschlaf fühlt man sich danach. Nach etwa 5 Minuten ist man wieder richtig frisch, sogar topfit – und erinnert sich plötzlich an französische Redewendungen, als hätte man sie vor Jahren gelernt und nicht vor zehn Minuten das erste Mal im Halbschlaf gehört.

Lernkassetten selbst aufnehmen

Bisher habe ich leider noch keine für Schulkinder wirklich geeigneten Werke gefunden. Es gibt lediglich Sprachkurse für Anfänger in Englisch, Französisch, Italienisch usw., die Ihr Kind mit den wichtigsten Wörtern, Redewendungen und vor allem der Aussprache recht gut vertraut machen können.

Als gezielte Unterstützung zum Lernen für den Unterricht kann man sich aber seine eigenen Kassetten aufnehmen. Ältere Kinder machen das gerne selbst. Schüler einer Klasse können sich damit auch abwechseln und die jeweiligen Kassetten für alle kopieren.

Nach diesem »Fahrplan« können Sie mit Ihrem Sohn bzw. Ihrer Tochter selbst eine Superlearning-Kassette aufnehmen. Orientieren Sie sich dabei an professionellen Aufnahmen, und auch wenn Sie es nicht so perfekt können, ein Versuch wird nicht schaden, denn ein Lernerfolg tritt durch die Beschäftigung mit dem Stoff sicher ein.

- Legen Sie das Vokabelbuch, die Grammatik oder die Formelsammlung aufgeschlagen vor sich hin, oder schreiben Sie sich vor dem Aufnehmen alle Fakten, die Sie aufsprechen wollen, zusammen, denn Herumblättern, Suchen, Rascheln stört später auf der Kassette.
- Lassen Sie die Hintergrundmusik auf einem zweiten Abspielgerät laufen und stellen Sie die Boxen neben das Mikro, über das Sie sprechen. So kommen Musik und Sprache gleichzeitig aufs Band.
- Sprechen Sie zunächst die Führung in den Entspannungszustand auf, und dann sehr leise, sanft und möglichst rhythmisch den Lernstoff. Die Stimme muss sehr viel leiser als die Musik sein.
- Alle Fakten, Formeln oder Lernwörter je dreimal wiederholen.
- Dann zum »Aufwachen« zurückführen.

Superlearning ersetzt das normale »Pauken« von Vokablen, Informationen und Formeln leider nicht völlig, aber es erleichtert das Lernen und verstärkt das Erinnerungsvermögen bei vielen Menschen.

Keine Lust zu lernen! Auch Schüler können nicht immer mit Freude bei der Sache sein.

Abhilfe bei Lernproblemen

Probleme mit dem Lernen hat sicher jedes Schulkind ab und zu, denn nicht immer kann die Motivation so hoch sein, dass man mit Feuereifer die Hausaufgaben erledigt oder sich nach dem nächsten Schultag sehnt. Der Alltag ist sicher ein »Dahinplätschern« der Schultage und ein mehr oder weniger pflichtbewusstes Erledigen der Aufgaben. Ab und zu gerät der normale Ablauf ins Stocken, was nicht weiter bedenklich ist, wenn sich nicht weiter gehende Lernhemmungen oder Einstellungsänderungen bei Ihrem Kind zeigen. Sollten Sie aber bedenkliche Anzeichen erkennen, ist Eingreifen dringend geboten.

Prüfungsangst und Lernblockaden

»Jedesmal lernt meine Tochter wirklich intensiv eine Schulaufgabe. Sie weiß dann auch wirklich alles, und trotzdem geht es immer wieder daneben; gestern hat sie schon wieder eine Fünf geschrieben.«

So oder ähnlich klingen die Klagen mancher Mütter oder Väter, wenn sie mit ansehen müssen, dass ihrem Kind trotz Eifer und Engagement der Schulerfolg nicht glücken will.

Manche Kinder leiden in Prüfungssituationen unter so starkem Lampenfieber, dass das Gehirn buchstäblich ausfällt. Nicht einmal die einfachsten Fragen können sie mehr beantworten, kein einziges Wort fällt ihnen ein. Das sind die Anzeichen eines klassischen »Blackouts« durch übergroßen Stress. Kalter Schweiß bricht aus, die Hände werden eiskalt, vielen wird regelrecht schlecht oder sie bekommen Kopfschmerzen. Verzweifelt und angestrengt versucht man sich zu erinnern, schreibt schließlich irgendetwas aufs Papier, unsicher, verkrampft, fahrig und fehlerhaft.

Für manche Kinder sind Prüfungen, Tests oder das Aufgerufenwerden durch den Lehrer Situationen, in denen sie in starken Stress geraten und nicht mehr leistungsfähig sind.

Erst wenn der Test endlich vorbei ist, die Blätter eingesammelt sind, entspannt man sich langsam – und schon nach zehn Minuten ist alles wieder da. Viele Kinder erinnern sich wieder genau, wissen plötzlich die richtigen Antworten und fragen sich: »Wieso ist mir das vorher bloß nicht eingefallen?«

Ursachen

Ihr Kind steht unter übergroßem Leistungsdruck und hat panische Angst, in der Schule zu versagen. Wenn aus normalem Lampenfieber regelrechte Panik wird, steckt fast immer ein persönliches Problem dahinter. Forschen Sie gemeinsam mit Ihrem Kind nach den Gründen für diese Angst, und lösen Sie die Ursachen auf.

Stress ist eine biologisch sinnvolle, überlebenswichtige Reaktion. Er entsteht, wenn wir in einer akuten Gefahren- oder Wettbewerbssituation stehen. Das Gefühl von Angst und Spannung löst sofort eine Flut von Hormonausschüttungen aus, die in Sekundenschnelle unseren Organismus optimal auf die »Gefahrensituation« umpolen: Die für Kampf, Angriff oder Flucht unwichtigen Gehirnbereiche und Nervenimpulse werden sofort stark abgedämpft, dafür laufen die rein körperlichen Funktionen wie Atmung, Herzschlag und Muskelanspannung auf Hochtouren. Super, wenn man mit einem Bären kämpfen müsste, aber fatal, wenn man gerade eine Prüfung schreibt – denn das Gedächtnis ist jetzt größenteils lahmgelegt.

Die Überwindung der Angst vor manchen Situationen bedarf eines einfühlsamen und langsamen Trainings. Ihr Kind muss nicht nur verstehen, sondern auch fühlen, dass es keine Angst zu haben braucht.

Lösung

Je entspannter Ihr Kind ist, umso mehr und umso besser arbeiten seine kleinen grauen Zellen. Nur wenn es ganz locker ist, kann es optimal lernen, begreifen, sich erinnern und eigene Schlüsse ziehen und deshalb auch problemlos gute Noten schreiben.

Ihr Kind muss wieder lernen, ruhig und gelassen zu werden. Lösen Sie zuerst die Ursachen für seinen Leistungsdruck auf, und besuchen Sie mit ihm ein Entspannungs-Seminar. Dort lernt es, wie es sich

selbst in einer stressigen Situation wieder beruhigen und sogar völlig entspannen kann.
Speziell für Schulkinder werden in vielen Städten in Volkshochschulen und Meditations- oder Naturheilzentren oder von Elterninitiativen Kurse z. B. in Autogenem Training, Yoga oder Tai Chi angeboten, die dieses Problem lösen helfen.

Schlampigkeit und Leichtsinnsfehler

»Mein Sohn ist eigentlich sehr intelligent; wenn er wirklich lernt, kann er alles. Aber er ist bei seinen Hausaufgaben und auch in der Schule so fürchterlich nachlässig. Das Geschmiere kann man oft kaum lesen. Er lässt sogar ganze Sätze oder Zahlen einfach aus. Und beim Lernen vergisst er manchmal einige Seiten und weiß dann in der Schule die Hälfte nicht.«

Wenn Tests und Prüfungen keine Herausforderung mehr darstellen, der ihr Kind mit positiver Gespanntheit entgegensieht, können Leichtsinnsfehler und Schlampigkeit zum Problem werden.

In dieser Art äußern sich Eltern von Kindern, die offensichtlich begabt und intelligent sind, denen aber der »richtige Dreh« fehlt, um in der Schule erfolgreich zu sein.
Viele Schüler schreiben sehr unordentlich, scheinen Wörter und Zahlen achtlos hinzuwerfen. Oft wird auch wild ausradiert, durchgestrichen oder einfach darüber geschmiert, und ganze Abschnitte können einfach fehlen. In der Schule meldet sich so ein Schüler manchmal erbost: »Das hatten wir gar nicht auf!« – und der Lehrer muss ihm anhand der Hausaufgabenhefte seiner Mitschüler beweisen, dass es tatsächlich zu den Hausaufgaben gehörte. Der Schlamper hat es vergessen, weil er natürlich auch sein Hausaufgabenheft genauso chaotisch führt wie seine Hefteintragungen.
Bei Prüfungen »vergessen« solche Kinder schon mal eine ganze Aufgabe oder haben die Frage nicht richtig gelesen und schreiben deswegen eine falsche Antwort. Manchmal hat der Lehrer wirklich Mühe, das Geschreibsel zu entziffern, vor allem, weil sie gerne durchstreichen und darüber schreiben. So kommt es, dass er manchmal sogar richtige Antworten als Fehler anstreicht, weil das wirklich niemand mehr lesen kann.

Ursachen

Schlampige, leichtsinnige Kinder sind eigentlich kreative Schnelldenker. Noch bevor sie ein Wort angefangen haben zu schreiben, sind sie in Gedanken schon beim nächsten und übernächsten. Außerdem können sie durchaus gleichzeitig eine Englischübersetzung schreiben und dabei bereits den anschließenden Aufsatz in Gedanken entwerfen oder über die Mathefragen nachdenken. Ihr Problem ist, dass sie nicht so schnell schreiben können, wie sie denken, und dass auf dem Weg der Aufgabenbearbeitung manche Teile von ihnen einfach vergessen oder übersehen werden.

Auch wenn es bei einer Prüfung alles weiß, Ihr Kind muss lernen, die Fragen genau zu lesen, den Erfordernissen entsprechend zu antworten, nichts auszulassen oder zu vergessen und die Fragen sorgfältig zu beantworten.

Lösung

Hyperkreative, vielseitige Kinder müssen lernen, sich bestimmte Bereiche nacheinander vorzunehmen und den Aufmerksamkeitsfokus immer nur auf eine Aufgabe zu richten. Solche Kinder lassen sich besonders leicht ablenken, ordnen Sie deshalb zunächst das Zimmer, den Schreibtisch, also die Lernumgebung Ihres Kindes. Bitte entrümpeln Sie dabei gründlich! Eine klare, einfache Umgebung hilft Ihrem Sprössling deutlich, sich besser zu konzentrieren.
Das Zuviel an gedanklicher Aktivität Ihrer Tochter oder Ihres Sohnes wird am Effektivsten bei Sport und körperlichen Tätigkeiten abgebaut. Schicken Sie Ihr Kind also erst zum Skaten oder Fußballspielen, zum Schwimmen oder in den Bastelkeller, bevor es seine Hausaufgaben macht, dann ist es ein bisschen »ausgepowert« und wird nicht von Gedanken und aufgestauter Energie überflutet. Außerdem helfen körperliche Aktivitäten, einen Rhythmus auch in geistige Abläufe zu bringen. Lassen Sie Ihr Kind selbst aussuchen, welche Sportart oder Betätigung es ausüben möchte, z. B. Tanzen, Judo, Klavier-, Gitarre- oder Schlagzeugspielen, Malen, Gymnastik, Reiten.
Damit die Konzentrationsfähigkeit Ihres Kindes gesteigert wird, sollte es auch eine Entspannungstechnik wie Yoga oder Autogenes Training ausprobieren. Dabei lernt es, störende Gedanken in den

Hintergrund zu stellen und ganz gelassen viel mehr zu erreichen als mit hektischer Anspannung.
Zusätzlich können Sie den Hang zur Schnelligkeit Ihres Kindes nutzen. Schenken Sie ihm ein elektronisches Notizbuch für seine Hausaufgaben oder einen PC zum Arbeiten. Am Computer lernt es, genau und fehlerfrei zu arbeiten, denn sonst versagt das Programm.

Sich nicht um die Schule zu scheren, gehört in einem gewissen Alter manchmal zum »guten Ton« und soll bei Gleichaltrigen zu Anerkennung verhelfen.

Die »Null Bock«-Einstellung

»Seit Monaten tut mein Sohn gar nichts mehr für die Schule. Die Versetzung schafft er auch nicht, das ist ihm aber egal. Er interessiert sich nur noch für seinen Computer und seine Freunde. Daheim ist er mürrisch und frech, oft gibt es Streit. Dabei ist er wirklich nicht dumm, früher war er sogar unter den Klassenbesten. Alles gute Zureden hilft nichts. Wenn ich ihn frage, was er aufhat oder welche Noten er bekommen hat, mault er nur herum und sagt, dass mich das nichts angeht. Ich weiß nicht, wie das weitergehen soll und was ich tun kann.«

So viele Fragen, Themen und Probleme beschäftigen heranwachsende Kinder, dass sie oft ganz in ihren Gedanken versunken sind. Da bleibt oftmals wenig Platz für die schulischen Belange.

Rat- und fassungslos registrieren manche Eltern, dass ihr Kind, das sonst in der Schule immer gut war oder nie größere Probleme hatte, plötzlich eine Verweigerungshaltung zeigt, faul wird und lügt, wenn es um schulische Dinge geht.

Fast alle Kinder haben im Laufe ihres Schullebens eine oder mehrere Phasen, in denen sie sich plötzlich am liebsten »von der Penne abmelden« würden. Das »blöde Gequatsche des Lehrers« interessiert sie überhaupt nicht mehr. Manche arbeiten nur noch das Nötigste, andere machen gar nicht mehr mit, und schlechte Zensuren scheinen sie wenig zu beeindrucken. Andere Schüler wollen zwar eigentlich gut in der Schule sein, aber schlechte Zensuren oder Probleme in der Schule haben ihnen das Lernen verleidet.

Die meisten schämen sich aber insgeheim für ihren Misserfolg und haben Angst vor Strafen der Eltern. Deshalb versuchen sie, ihren schulischen Abstieg so lange es geht zu verbergen: Sie lügen, schreiben ganze Prüfungen ab, fälschen Unterschriften und sogar Zeugnisse. Daheim sind sie entweder motzig und trotzig – oder erstaunlich brav und überangepasst.

Ganz so cool, wie es den Anschein haben mag, nimmt Ihr Sohn oder Ihre Tochter die schlechten Leistungen in der Schule nicht hin. Aber es kostet ein bisschen Überwindung, sich wieder in schulischen Belangen zu engagieren.

Ursachen

Das Interesse für die Schule kann aus vielen Gründen vorübergehend nachlassen: echte Langeweile (Unterforderung), Probleme in der Familie, mit Freunden oder dem Lehrer, Lernschwierigkeiten (Überforderung), schlechte Noten. Aber auch ein faszinierendes neues Hobby, die erste Liebe, Nachdenken über den Sinn des Lebens, ein toller, großer Freundeskreis und viele gemeinsame Aktionen können die Aufmerksamkeit so gefangen nehmen, dass für Hausaufgaben und Lernen kein Platz mehr ist. Alle Kinder wollen aber in solchen Phasen insgeheim trotzdem supergut in der Schule sein. Wenn eine gute Fee käme, einer der drei Wünsche wäre bestimmt: »Trotzdem immer ein ganz tolles Zeugnis bekommen«. Denn alle quälen Schuldgefühle, weil sie im kollektiven Wettbewerb der Schule nicht richtig mithalten, versagen. Trotzige Reaktionen

Viele Eltern wissen gar nicht, wie stark sich ihre Kinder ihnen gegenüber unter Druck fühlen. Oft fehlt es an echtem Vertrauen zwischen Eltern und Kindern, auch wenn im Familienleben alles in bester Ordnung scheint.

wie »Ist mir doch alles egal« und eine betont starke Haltung wollen nur das innere Unglücklichsein verbergen. Auch den Eltern möchte man die Demütigung ersparen, dass sie ein dummes, faules Kind haben, dazu kommt Panik vor Szenen, Geschrei und Tränen, vor Streit und Strafen – also lügt und vertuscht man so lange es geht das eigene Versagen. Und je länger das geht, desto schwerer fällt es, die Probleme zur Sprache zu bringen.

Lösung

Sprechen Sie Ihr Kind an, wenn Sie merken, dass etwas mit ihm nicht stimmt. Suchen Sie am besten gemeinsam nach der wirklichen Ursache für den schulischen »Durchhänger«. Finden Sie echte Lernstörungen oder emotionale Schwierigkeiten mit Familie oder Schule vor, dann müssen Sie dieses Problem lösen. In vielen Fällen ist dabei die Unterstützung von Familienberatungsstellen oder ähnlichen Einrichtungen sehr hilfreich.

Wenn Ihr Kind mit irgendetwas anderem persönlich so beschäftigt ist, dass für die Schule keine Aufmerksamkeit da ist – warten Sie einfach ab. Akzeptieren Sie die Situation! Frisch verliebt, beim Sinnieren über das Leben oder in der neuen Rolle als Bandleader hat man nun mal für Mathe & Co. im Augenblick wenig Platz. Reagieren Sie auf die Lügen, das Verheimlichen oder Vertuschen mit besonders viel Liebe, echtem Verständnis für die Situation des Kindes und unerschütterlichem Vertrauen. Sprechen Sie aber offen über Ihre Befürchtungen, dass es die Schule vielleicht nicht schafft, und welche Möglichkeiten es dann gibt. Dabei sollten Sie Ihrem Kind aber keine Angst einzujagen versuchen, sondern echte, gute Alternativen aufzeigen.

Überlassen Sie Ihrem Kind dann die Wahl; verzichten Sie auf Druck und »Bestechungsversuche« mit Belohnungen. Lassen Sie es spüren, dass Sie ihm völlig vertrauen und für es da sind. Machen Sie ihm Mut! Es gibt immer einen Weg (Nachhilfe, Schulwechsel), aber Ihr Kind muss ihn allein finden, dann erst können Sie ihm dabei helfen, ihn auch zu gehen.

Das sagt die Statistik

- Je strenger das Elternhaus, umso besser lernen Kinder lügen. Schulkinder einer 5. und einer 6. Klasse wurden anonym befragt: Kinder, die in einer relativ offenen, verständnisvollen Familie leben, lügen ein bis zwei mal pro Woche. Kinder, die ihre Eltern als eher streng bis sehr streng bewerteten, lügen vier bis 30 mal pro Woche.
- 95 Prozent aller Schüler schaffen auch nach einem oder mehreren »Durchhängern« die Schule problemlos, wenn sie das Gefühl haben, dass das Lernen und Erfolg oder Misserfolg wirklich ihre eigene Sache sind.
- Von den Schülern, die mit Straf- und Belohnungsstrategien sanft oder streng zum Lernen gezwungen werden, versagen über 70 Prozent!

Vertrauen und Motivation

Egal, welche Lernschwierigkeiten Ihr Kind gerade hat – was es am allermeisten braucht, ist Ihr Verstandnis und Ihre Liebe, ist der Mut, den Sie ihm zusprechen sollten.

Vergessen Sie nicht: Kinder haben viel weniger Lebenserfahrung als wir Erwachsenen. Sie müssen sich ihr Selbstvertrauen erst noch aufbauen und ihre Position im sozialen Umfeld finden. Die Orientierung an anderen und das Feedback, das sie bekommen, sind für Kinder wichtige Anhaltspunkte für ihr eigenes Verhalten. Eine Schlüsselposition hat dabei die Schule, denn hier gilt es, erfolgreich zu sein was den Lernstoff und die Akzeptanz bei Lehrern und Mitschülern angeht. Und das ist sind Anforderungen, die alles andere als leicht sind. So ist es klar, dass Ihr Kind Zuspruch und Unterstützung von Ihnen braucht, aber auch konstruktive Kritik kann es von Ihnen annehmen, denn es kann darauf vertrauen, dass Sie es trotz seiner Fehler und Unzulänglichkeiten lieben.

Die Schule kann für unsere Kinder zeitweise extrem anstrengend und belastend sein. Starker Leistungsdruck und Misserfolge zehren am Selbstbewusstein, mangelnde Anerkennung und Ungerechtigkeiten müssen fast täglich verdaut werden.

Manchmal fühlen sich Kinder überfordert mit der Verantwortung für sich und ihre schulischen Leistungen. Sie wissen, dass sie das im Griff haben sollten, und schämen sich, Schwächen zu zeigen und sich ihren Eltern anzuvertrauen.

Unterstützung in schwierigen Phasen

Schule und Lernen sind manchmal hart, und Misserfolge oder Ungerechtigkeiten lasten oft schwer auf Ihrem Kind. Jetzt braucht es ganz besonders Ihr Verständnis und neue Motivation.

Das Ziel einer guten Schulbildung ist, eine möglichst breite Basis für einen erfolgreichen Start ins Leben zu liefern. Aber den meisten Kindern kommt es so vor, als lernten sie nur für die Schule und nicht für ihr späteres Leben und als sei die Schule nur dazu da, ihnen das Leben schwer zu machen und ihnen Stolpersteine in den Weg zu legen: Erinnern Sie Ihr Kind in seinen »schwachen« Phasen deshalb immer wieder behutsam an seine eigenen Träume, wie es sein will, was es werden, was es alles auf der Welt verändern möchte. Bestärken Sie seinen Traum: »Du schaffst das ganz bestimmt. Sicher ist es manchmal schwierig, aber du hast so viel Kraft und eine ganz besondere Begabung, es wird dir gelingen. Keine Sorge, wenn du jetzt schlechte Noten oder eine schlechte Phase hast oder frustriert bist. Wahrscheinlich gibt sich das wieder. Wenn nicht, auch nicht schlimm – wir finden eine Lösung. Es gibt im Leben so viele wundervolle Wege, irgendwie erreichst du ganz bestimmt, was du willst. Vertrau auf deine innerste Kraft.«

Können Kinder sich der Unterstützung und des Vertrauens ihrer Eltern gewiss sein, wird es ihnen leichter gelingen, Probleme zu bewältigen und eine schöne Schulzeit zu erleben.

Über die Autorin

Carola Engler arbeitete zunächst als Mediendesignerin in einem Klinikum und ist seit einigen Jahren als Journalistin, Autorin und Grafikerin bei verschiedenen Zeitschriften tätig. Nebenbei arbeitet sie auch als Therapeutin bei einer Lebensberatung und veranstaltet Workshops und Seminare zum Thema Konfliktbewältigung.

Literatur

Eva M. und Joachim H. Angerstein: Mit Kindern Stille üben. Südwest Verlag. München 1997

Gürtler, Helga: Der tägliche Kampf zwischen Eltern und Kindern. Südwest Verlag. München 1996

Gürtler, Helga: Kinder brauchen feste Regeln. Südwest Verlag. München 1997

Weikert, Annegret: Rituale geben Kindern Halt. Südwest Verlag. München 1997

Bildnachweis

Bilderberg, Hamburg: 39 (M. Horacek); Das Fotoarchiv, Essen: 23 (D. Eisermann), 40 (J. Tack), 72 (T. Gremme); Image Bank, München: 22 (B. Erlanson); IFA-Bilderteam, München: Titel (March), U 4 (P. Sinclair), 44 (Eastep), 52 (H. Koch); New Eyes, Hamburg: 4, 11 (U. Niehoff), 59, 86 (IDS / LE STUDIO), 62 (Retna/Acheson); Rehm Claudia, München: 28, 32; Südwest Verlag, München: 82 (P. Rees); Tony Stone, München: U2 (C. Tokerud), 6 (J. Lamb), 18 (J. Stock), 54 (P. Crapet), 66 (Z. Kalunzny), 70 (R. E. Daemmrich), 77 (A. Sacks), 78 (G. Hunter), 90 (J. Beatty), 100 (D. Bosler)

Hinweis

Das vorliegende Buch ist sorgfältig erarbeitet worden. Dennoch erfolgen alle Angaben ohne Gewähr. Weder die Autorin noch der Verlag können für eventuelle Nachteile oder Schäden, die aus den im Buch gegebenen praktischen Hinweisen reslutieren, eine Haftung übernehmen.

Impressum

Redaktion:
Martin Stiefenhofer

Projektleitung:
Karin Stuhldreier

Redaktionsleitung:
Nina Andres

Bildredaktion:
Gabriele Feld

Produktion:
Manfred Metzger

Umschlag:
Till Eiden

DTP/Satz:
MAC2 (Anger/Luttmann)

Printed in Germany

Gedruckt auf chlor- und säurearmem Papier

ISBN 3-517-07812-3

Register